Vegetable Dictionary

菜の辞典

テキスト 長井史枝

イラスト 川副美紀

Text : Fumie Nagai
Illust : Miki Kawazoe

みじんに切ったねぎとかつをぶし、少しの味噌をお椀に入れて湯を注ぐ。真冬の夜、就寝前の子どもたちに、母は「風邪をひかないように」と、即席の味噌汁をつくってくれました。ふぅふぅと湯気をふきながら、パジャマ姿の体がほんわり温まっていく時間が私は大好きでした。

だれにでも野菜の記憶があります。子どものころは苦々しい思いをした人の方が多いかもしれません。トマトの種のつるっとした感じがイヤ、きゅうりの青臭さがキライ、ピーマンのなんとニガイこと！ でも、好き嫌いはお構いなしに、野菜がもつ偉大なパワーは日々明らかになり、新種も次々に登場。それはもう、こうして本にまとめようにも追いつかないほどです。

本書では、食卓でおなじみの野菜を中心に、ハーブや山菜、豆類などなるべく多くの種類を取り上げ、手に取ってから体の一部になるまでに必要な情報を掲載しました。鮮度・保存・食べ方・栄養成分を知り、イラストで不思議なカタチの野菜や可憐な花々を見て楽しんでください。そして、いつもの野菜、はじめて見る野菜が、暮らしの中であらたな味覚の思い出をつくることを願っています。

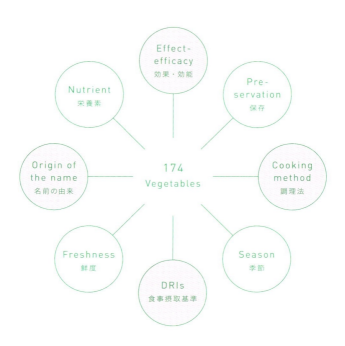

How to use
この本の使い方

① 可食部100グラム当たりに含まれる主な栄養成分とその値を示しています。
※栄養成分値は、「日本食品標準栄養成分表2015年版（七訂）」に基づいています。

② 食べ方を中心に、品種や栄養、名前の由来などについて解説しています。

③ 旬の時期、もしくは出回り時期を示しています。
※Spring（3〜5月）、Summer（6〜8月）、Autumn（9〜11月）、Winter（12〜2月）

④ 野菜の鮮度について、見分け方や選び方を示しています。

⑤ 野菜の保存方法を示しています。

⑥ 1の栄養成分値に対する状態（生、ゆで、油いためなど）を示しています。（その他、特記事項も含む）

⑦ 本ページに関連のある野菜の掲載ページを示しています。

7 たまねぎ ♥ P161

Nutrient
- 食物繊維 1.7g
- 葉酸 23μg
- カルシウム 19mg
- カリウム 150mg
- B6 0.13mg

Red onion
赤たまねぎ

② 「湘南レッド」「アーリーレッド」などの品種がある。赤色はポリフェノールの一種であるアントシアニン。加熱すると溶け出してしまうが、酸と合わせると色鮮やかになる。生のまま刻んだり、スライスしてサラダやドレッシングに入れると美しい色と食感を楽しめる。

③
Season | Spring | Summer | Autumn | Winter

④ 🌱 色鮮やかで重さがあるもの。上部が固く変色がないものを選ぶ。

⑤ 🗑 たまねぎよりも水分が多く傷みやすいので、ひとつずつ新聞紙で包み、ポリ袋に入れて冷蔵庫の野菜室に保存。

⑥ ※生の栄養成分値

ア ─────── オ

9
[ア]

57
[カ]

103
[サ]

149
[タ]

この本の使い方 …… 4
インデックス …… 316

野菜の花言葉 …… 56・102
148・178・200・234・260

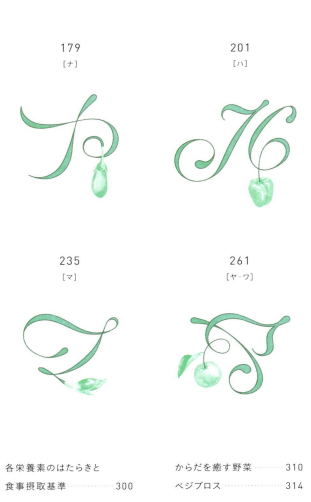

179
[ナ]

201
[ハ]

235
[マ]

261
[ヤ-ワ]

各栄養素のはたらきと
食事摂取基準 ········ 300

からだを癒す野菜 ········ 310
ベジブロス ········ 314

Chapter. 1

ア ﹥────﹤ オ

しそ
P121

Nutrient

Red perilla
赤じそ

全体が赤紫色の「しそ」。酸に反応すると鮮やかな赤色になり、梅干しの色づけなどに欠かせない。アクが強く生食には向かない。煮出してレモン・砂糖・水を加えてつくるジュースは夏バテ予防に良い。「しそ」は本来、「赤じそ」のことを指し、「青じそ」は変種。

| Season | Spring | Summer | Autumn | Winter |

- 全体に色濃く、みずみずしいもの。葉や茎に変色がないものを選ぶ。
- 袋詰めされているものは、冷蔵庫の野菜室に保存。枝つきのものは水を入れた容器にさして常温保存しても良い。

※日本食品標準成分表2015年版（七訂）に記載なし

ア ＞ ＜ オ

たまねぎ
P161

Red onion
赤たまねぎ

「湘南レッド」、「アーリーレッド」などの品種がある。赤色はポリフェノールの一種である「アントシアニン」。加熱すると溶け出してしまうが、酸と合わせると色鮮やかになる。生のまま刻んだり、スライスしてサラダやドレッシングに入れると美しい色と食感を楽しめる。

Season	Spring	Summer	Autumn	Winter

- 色鮮やかで重みがあるもの。上部が固く変色がないものを選ぶ。
- たまねぎよりも水分が多く傷みやすいので、ひとつずつ新聞紙で包み、ポリ袋に入れて冷蔵庫の野菜室に保存。

※生の栄養成分値

ア ＞―＜ オ

Chive

あさつき

日本原産のねぎの一種。「浅葱」、「糸ねぎ」とも呼ばれる。細い青ねぎ状のもののほか、東北地方で栽培される新芽状のやや太いものがある。生のまま刻んで薬味として使用することが多いが、ゆでてお浸しや酢味噌和えにしても良い。炒めもの、天ぷらなどにしても美味。

Season	Spring	Summer	Autumn	Winter

- 濃い緑色で、葉先までピンと伸びているものを選ぶ。
- 新聞紙で包み、冷蔵庫の野菜室に立てて保存。

※生の栄養成分値

ア ＞ ＜ オ

Red bean

小豆

マメ科の植物で、種子を餡子、甘納豆、赤飯などに使う。小豆の赤色には魔除けの効果があるとされ、古くから祝い事や祭りなどハレの日に食されてきた。小豆と野菜を炊き合わせた「いとこ煮」は、北陸地方など各地に伝わる郷土料理として有名。

Season	Spring	Summer	Autumn	Winter

- 赤色が濃く、ツヤがあり粒の大きさがそろっているものを選ぶ。
- 乾燥豆：密封容器に入れて冷暗所に保存。

※ゆでの栄養成分値

ア ＞───＜ オ

Ashitaba
あしたば

"今日、葉を摘んでも明日には新たな葉が生えてくる"といわれるほど生命力が強い野草。八丈島の名産。アクがあるので、塩ゆでしてからお浸しや和え物、炒め物などにする。生のまま、天ぷらにして食べるとえぐみも気にならず美味。

Season	Spring	Summer	Autumn	Winter

- 葉の緑色が明るく鮮やかで、茎が細くしなやかなものを選ぶ。
- 水で湿らせたキッチンペーパーで茎を包み、ポリ袋に入れて冷蔵庫の野菜室に立てて保存。

※ゆでの栄養成分値

ア ＞＜ オ

Asparagus
アスパラガス

ギリシャ語で新芽を意味する「asparagus」が名の由来。江戸時代に観賞用植物として渡来し、のちに野菜として栽培されるようになった。塩ゆでしてサラダやお浸しに。炒め物や揚げ物にするときは生のまま使うと風味を楽しめる。

Season	Spring	Summer	Autumn	Winter

- 穂先が締まり、表面に縦筋がないもの。はかまが正三角形に近く、切り口が丸いものを選ぶ。
- ラップに包み、冷蔵庫の野菜室に立てて保存。

※ゆでの栄養成分値

ア ——— オ

Artichoke

アーティチョーク

あざみの一種。つぼみとがくを食用にする。ホクホクした食感が特徴。塩とレモン汁を加えた湯で30分ほど下ゆでし、がくを一枚ずつはがして歯でしごくようにして食べる。ゆでる際はつぼみの先と茎をカットして切り口にレモン汁か酢をつけておくと変色を防げる。

Season	Spring	Summer	Autumn	Winter

- がくがしまっていて肉厚なもの。緑の色が鮮やかなものを選ぶ。
- ラップで包むかポリ袋に入れ、冷蔵庫の野菜室に保存。日持ちしないので2日ほどで食べきる。

※ゆでの栄養成分値

Avocado

アボカド

"森のバター"と呼ばれるほどクリーミーな果物。ギネスブックでは世界一栄養価の高い果物として認定されている。皮をむいて種を除き、サラダや和え物に。潰してディップソースにしても美味。ご飯との相性も良く、「カリフォルニア巻き」では寿司ネタとしても使われる。

| Season | Spring | Summer | Autumn | Winter |

- ヘタと皮の間に隙間がないもの。数日後に食べるなら皮が緑、すぐに食べるなら黒っぽいものを選ぶ。
- ポリ袋に入れて冷蔵庫の野菜室に。半分だけ残すときは、種つきのまま切り口にレモン汁をかけて色止めし、ラップに包んで冷蔵庫に保存。

※生の栄養成分値 ※アボカドに含まれる脂質には、コレステロールの上昇を抑制する働きがある。

ア 〉―――〈 オ

Alfalfa

アルファルファ

マメ科の植物「ムラサキウマゴヤシ」を発芽させたもの。スプラウトのひとつ。もやしを極細にしたような見た目で、シャキシャキした食感が特徴。水洗いして生のままサラダや和え物、肉料理などのつけ合わせに。炒め物やスープの実にしても良い。

Season	Spring	Summer	Autumn	Winter

- 茎が白く、みずみずしくハリがあるものを選ぶ。
- パックのまま冷蔵庫に保存。日持ちしないので3日ほどで食べきる。

※生の栄養成分値

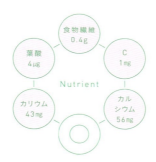

Aloe vera

アロエベラ

アロエの中でも食用とされるのは「アロエベラ」。皮をむき、ゼリー状の葉肉を刺身やサラダにして食べる。主に鑑賞用に栽培される「キダチアロエ」は、火傷の手当てなど多くの薬効成分が含まれることで知られているが、作用が強いものもあるので取り扱いには注意が必要。

Season	Spring	Summer	Autumn	Winter

- ハリがあり、みずみずしいものを選ぶ。
- 切った部分から酸化しやすいので、断面をラップでおおい、ポリ袋に入れて冷蔵庫の野菜室に保存。

※アロエ、生の栄養成分値

Italian parsley
イタリアンパセリ

ヨーロッパで一般的に食べられている葉が縮れていないパセリ。苦味が少なく、豊かな芳香が特徴。葉は生のままでマリネやサラダ、スープの彩りに。茎は香味野菜を束にした「ブーケガルニ」として、煮込み料理に使用する。肉や魚介類の臭みを消す効果がある。

Season	Spring	Summer	Autumn	Winter

- 葉がみずみずしく、緑色が鮮やかなものを選ぶ。茎がヘナヘナしているものや葉先が黄色くなったものは避ける。
- 水で湿らせたキッチンペーパーで切り口を包み、保存袋に入れて冷蔵庫の野菜室に立てて保存。

※日本食品標準成分表2015年版（七訂）に記載なし

ア 〉————〈 オ

Kidney bean

いんげん豆

南米原産の豆で、「大福豆」、「金時豆」、「うずら豆」など世界中で1,000種類以上が栽培されている。煮豆や煮込み料理、スープなどに使う。加熱が不十分だと嘔吐や下痢などの中毒症状を引き起こすので注意が必要。若取りしてさやごと食べるものを「さやいんげん」という。

Season	Spring	Summer	Autumn	Winter

- ツヤがあり粒の大きさがそろっているものを選ぶ。
- 乾燥豆：密閉容器に入れて冷暗所に保存。

※ゆでの栄養成分値

Udo
うど

日本原産の野菜。生のままサラダや和え物にしたり、酢味噌をつけて食べると美味。皮の周りにアクがあるので調理の際は皮を厚めにむき、酢水にさらすと変色防止になる。むいた皮は、きんぴらや天ぷらにするとアクが気にならずに食べられる。

Season	Spring	Summer	Autumn	Winter

- 茎が太く、うぶ毛が密生しているものを選ぶ。茎の赤い斑点が褐色になったものは鮮度が落ちているので避ける。
- 光に当たると固くなるので、新聞紙に包んで冷蔵庫の野菜室、または冷暗所に保存。

※生の栄養成分値

ア 〉――――〈 オ

Hosta grass
うるい

「おおばぎぼうし」の新芽。味はほろ苦くぬめりがあり、シャキシャキした食感が特徴。アクやクセがないので、さまざまな調理方法で味わえる。塩ゆでしてからお浸しや和え物に。生のままサラダや炒め物、揚げ物、汁の実としても美味。ねぎに似ているので薬味にしても良い。

Season	Spring	Summer	Autumn	Winter

- 茎がふっくらとして白く、葉がみずみずしいものを選ぶ。
- 水で湿らせたキッチンペーパーに包み、ポリ袋に入れて冷蔵庫の野菜室に立てて保存。

※生の栄養成分値

ア 〉———〈 オ

Plum
梅

梅の木の実。強い酸味が特徴の果実。"三毒(食物・血液・水の毒)を断つ"といわれるほどの殺菌力があり、食中毒を防ぐ効力がある。生の梅は有害物質を含むため食べられない。梅干しや梅酒、ジャム、甘露煮など、必ず加工して食べる。

Season	Spring	Summer	Autumn	Winter

- 傷や変色がなく、香りが立っているもの。粒の大きさがそろっていて、触ったときに果肉が引き締まっているものを選ぶ。
- 新聞紙に包む、または紙袋に入れて冷暗所に保存。冷蔵庫に入れると変色してしまうので要注意。

※塩漬の栄養成分値

ア ＞───＜ オ

Green soybean

枝豆

「大豆」の未熟な種子。良質なたんぱく質とビタミン群など高い栄養価を含む。塩ゆでする際は、ゆでる前に多めの塩をふってもんでおくと、産毛や汚れがとれて色鮮やかに仕上がる。ゆでた枝豆は、さやから出してかき揚げや枝豆ご飯、スープなどにしても美味。

Season	Spring	Summer	Autumn	Winter

- 鮮やかな緑色でさやがふっくらとし、うぶ毛が密生しているもの。なるべく枝つきのものを選ぶ。
- 鮮度が落ちやすいので、買ったらすぐにゆでること。すぐにゆでられなければ、新聞紙に包んでポリ袋に入れ、冷蔵庫の野菜室に保存。

※ゆでの栄養成分値

しそ
P121

Perilla frutescents
エゴマ

シソ科の植物。「しそ」よりも葉が厚く、ハリがあるのが特徴。爽やかな香りで、料理に添える薬味として使うほか、天ぷらにしたり、焼き肉と一緒に食べると美味。エゴマの実からつくる「エゴマ油」は、認知症予防に効果があるといわれる。

Season	Spring	Summer	Autumn	Winter

- 葉が色鮮やかでみずみずしいもの。葉や茎に変色がないものを選ぶ。
- 水で湿らせたキッチンペーパーで包み、ポリ袋に入れて冷蔵庫の野菜室に保存。

※乾の栄養成分値
※エゴマに含まれる脂質には、コレステロールの上昇を抑制する働きがある。

ア ── オ

Japanese shallot
エシャレット

らっきょうを光を当てずに生育させる「軟白栽培」をして若採りしたもの。「エシャロット」と混同されるが別の野菜。辛味はあるが、クセのない味で生のまま味噌をつけて食べたり、甘酢漬けにしても良い。緑の葉の部分は天ぷらにすると辛味がやわらぐ。

Season	Spring	Summer	Autumn	Winter

- 茎の部分が白くツヤがあるものを選ぶ。
- ポリ袋に入れて冷蔵庫の野菜室に保存。

※生の栄養成分値

Shallot

エシャロット

たまねぎを小ぶりにした形で、「ベルギーエシャロット」とも呼ばれる。生のままサラダやマリネにするほか、すりおろしたり刻んだりしてドレッシングに入れても良い。フランス料理の定番で、魚料理に添える白ワインのソース「ヴァンブランソース」をつくるときにも使う。

Season	Spring	Summer	Autumn	Winter

- 皮が完全に乾燥してツヤがあり、固くしまっているものを選ぶ。芽や根が出ているものは避ける。
- 新聞紙に包んでポリ袋に入れ、冷蔵庫の野菜室に保存。

※日本食品標準成分表2015年版（七訂）に記載なし

ア ＞━━＜ オ

Enoki mushroom
えのきたけ

古くから食用とされ、「ゆきのした」、「なめたけ」とも呼ばれる。ゆでてお浸しや和え物、鍋物の具材、味噌汁、バター炒めなど加熱調理して食べる。クセのない味は、いろいろな素材との組み合わせが楽しめる。カサが茶色い「ブラウンえのき」もある。

Season	Spring	Summer	Autumn	Winter

- ハリがあり、カサが小ぶりで開ききっていないものを選ぶ。全体が黄色っぽく、ばらけているものは鮮度が落ちているので避ける。
- 真空パックのものは冷蔵庫の野菜室に。小分けにするときは、石づきをつけたままキッチンペーパーで包み、ポリ袋に入れて冷蔵庫の野菜室に保存。

※ゆでの栄養成分値

ア ー オ

Eryngii mushroom

エリンギ

食感があわびに似ていることから「白あわびたけ」とも呼ばれる。加熱調理しても形が崩れず食感もしっかりと残る。また、味にクセがないので幅広い料理に適している。鍋の具材や炊き込みご飯、バター炒めなどにすると良い。

Season	Spring	Summer	Autumn	Winter

- 軸が白く太いもの。全体にハリがあり、カサが開ききっていないものを選ぶ。
- キッチンペーパーで包み、ポリ袋に入れて冷蔵庫の野菜室に保存。

※ゆでの栄養成分値

レタス P279

Endive
エンダイブ

ほろ苦さが特徴の西洋野菜。縮葉種と広葉種があるが、日本では主に葉が縮れた縮葉種が栽培されている。内側のやわらかい部分は生のままサラダに。緑が濃く固い外葉は炒め物や、さっと熱湯にくぐらせてアクを抜き、スープの実にすると良い。

Season	Spring	Summer	Autumn	Winter

- 葉がみずみずしくボリュームがあり、葉先が細かく縮れているものを選ぶ。
- 水で湿らせたキッチンペーパーで根元を包み、ポリ袋に入れて冷蔵庫の野菜室に立てて保存。

※生の栄養成分値

ア ＞―――＜ オ

グリンピース ≫ P88
さやえんどう ≫ P113
スナップえんどう ≫ P135
豆苗 ≫ P171

- 亜鉛 1.4mg
- たんぱく質 9.2g
- 銅 0.21mg
- 炭水化物 25.2g
- 食物繊維 7.7g
- B1 0.27mg
- マグネシウム 40mg
- セレン 5μg
- 鉄 2.2mg
- モリブデン 63μg

Pea
えんどう豆

「えんどう」の成熟した種子のこと。完熟し乾燥させた豆には、うぐいす餡や甘納豆などに使われる「青えんどう」、みつ豆や豆大福などに利用される「赤えんどう」がある。「えんどう」は、種子のみ、さやつき、未熟、完熟で名前が変わりさまざまな食べ方がある。

| Season | Spring | Summer | Autumn | Winter |

- ツヤがあり粒の大きさがそろっているものを選ぶ。
- 乾燥豆:密閉容器に入れて冷暗所に保存。

※青えんどう、ゆでの栄養成分値

ア ＞―＜ オ

Oregano
オレガノ

トマトやチーズを使った料理に合うハーブ。生のままでも使えるが、乾燥させた方が香りが立つ。ただし香りや刺激が強いので、調理の際は加減をしながら使用すると良い。ラムや鶏肉、イワシなどのクセのある肉や魚の香りづけや臭み消しとしても使う。

Season	Spring	Summer	Autumn	Winter

- 葉がみずみずしく、変色がないものを選ぶ。
- 水で湿らせたキッチンペーパーで切り口を包み、保存袋に入れて冷蔵庫の野菜室に立てて保存。

※日本食品標準成分表2015年版（七訂）に記載なし

Saltwort
おかひじき

海岸の砂浜などに自生する植物。葉がひじきに似た形状をしていることから「おかひじき」と呼ばれる。サラダや和え物、お浸し、天ぷら、味噌汁の実などにする。多少アクがあるので塩ゆですると良い。生で使う場合は、氷水にさらすと食感が良くなる。

Season	Spring	Summer	Autumn	Winter

- 色鮮やかな緑色で、切り口が変色していないものを選ぶ。
- ポリ袋に入れて冷蔵庫の野菜室に保存。

※生の栄養成分値

ア 〉————〈 オ

Okra

オクラ

生でも食べられるが軽くゆでると口当たりが良くなる。ゆでる前に塩をふって板ずりしておくと産毛が取れ、色良くゆで上がる。サラダや和え物、炒め物、スープなどさまざまな料理に使える。ぬめりは水溶性の食物繊維で、糖尿病予防にも効果が期待できる。

Season	Spring	Summer	Autumn	Winter

- みずみずしく、ヘタに黒ずみがないもの。細かい産毛がついているものを選ぶ。小ぶりなものの方がやわらかい。
- ポリ袋に入れて冷蔵庫の野菜室に保存。

※生の栄養成分値

ア ＞――＜ オ

Olive
オリーブ

「オリーブ」の木の実。完熟した実は黒、未熟な実は緑色。そのままでは渋くて食べられない。一般的に流通しているのは、アク抜き後、塩漬けにしたもの。刻んでサラダやパスタ、炒め物に加えたり、ピザのトッピングにしても美味。

Season	Spring	Summer	Autumn	Winter

- 通常、塩漬けなどの状態で販売。
- 空気に触れないように保存。開封したものは、実のみを保存用袋に移し、オリーブオイルに浸して冷蔵庫に保存。

※ブラックオリーブ、塩漬の栄養成分値
※オリーブに含まれる脂質には、コレステロールの上昇を抑制する働きがある。

ア 〉———〈 オ

恋によって身が細る

［オクラの花言葉］

Chapter. 2

カ ⟩————⟨ コ

スプラウト ▼ P140
大根 ▼ P152

White radish sprouts
かいわれ大根

大根の種子を発芽させたもの。スプラウトのひとつ。ピリッとした辛味が特徴。茶色い種の皮は食べても問題ないが水をはったボウルの中でふり洗いすると取れる。生のままサラダや和え物、加熱する場合はスープや汁物に入れると溶け出したビタミンも摂れる。

Season	Spring	Summer	Autumn	Winter

- 葉が濃い緑色で、茎は白くハリがあるものを選ぶ。
- パックのまま冷蔵庫に保存。小分けにして使う際は、根元を切り落とさないこと。

※生の栄養成分値

カ 〉———〈 コ

Kaga thick cucumber
加賀太きゅうり
かがふと

石川県の加賀伝統野菜のひとつ。一般的なきゅうりよりも太く大きく、直径6〜10センチ、重さ600〜800グラムにもなる。皮をむいて種を取り、果肉部分を食べる。生のままでも食べられるが、煮物や炒め物、蒸し物などの加熱調理に向いている。

Season	Spring	Summer	Autumn	Winter

- ずっしりと重みがあり、太さが均一なもの。皮が濃い緑色のものを選ぶ。
- 水気をふき、新聞紙で包む。ヘタを上にしてポリ袋に入れ、冷蔵庫の野菜室に立てて保存。冷やしすぎると低温障害を起こして傷みやすいので注意する。

※日本食品標準成分表2015年版（七訂）に記載なし

Turnip

かぶ

春の七草のひとつ。「すずな」とも呼ぶ。白い根の部分は生のままサラダや漬け物にするほか、煮る、蒸す、炒めるなど加熱調理にも。皮ごと食べられるが、むくと食感が良くなる。葉の部分はビタミンCやカルシウムなど栄養豊富。漬けものやお浸し、炒めものなどにして食べたい。

Season	Spring	Summer	Autumn	Winter

- 根は丸く、ツヤとハリがありずっしり重いもの。葉は鮮やかでみずみずしいものを選ぶ。
- 葉と根は切り分ける。それぞれポリ袋に入れ、冷蔵庫の野菜室に保存。葉は傷みやすいので3日ほどで食べきる。

※根・皮つき、生の栄養成分値

Squash
かぼちゃ

ウリ科カボチャ属の植物になる果菜。「日本かぼちゃ」、「西洋かぼちゃ」、「ペポかぼちゃ」の三品種あるが、流通の主流は「西洋かぼちゃ」。種とワタを取り除いてから調理する。皮が硬いので電子レンジで2〜3分加熱してから切ると良い。

Season	Spring	Summer	Autumn	Winter

- ずっしりと重く、ヘタが乾燥しているもの。カットしてあるものは、果肉の色が濃く、種がふっくらしているものを選ぶ。
- 新聞紙に包んで涼しい場所に。カットしたものは種とワタを取り除いてから、ラップに包んで冷蔵庫の野菜室に保存。

※西洋かぼちゃ、ゆでの栄養成分値

カ 〉―――〈 コ

日本かぼちゃ

西洋かぼちゃ

ペポかぼちゃ

なす ⌄ P182
米なす ⌄ P228

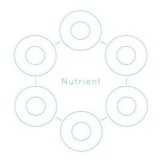

Nutrient

Kamo eggplant

賀茂なす

京の伝統野菜のひとつ。江戸時代に京都御所に献上され、以後、京都の上賀茂でつくられるようになった。その美味しさから"なすの女王"とも呼ばれる。漬け物から揚げ物まで広く利用される。厚めの輪切りにして油で焼き、練り味噌をのせて食べる田楽は定番料理。

Season	Spring	Summer	Autumn	Winter

- 色が濃く、ハリとツヤがあるもの。ヘタが黒っぽく、トゲがあるものを選ぶ。
- ひとつずつラップで包み、冷蔵庫の野菜室に保存。冷やしすぎると低温障害を起こして傷みやすいので注意する。

※日本食品標準成分表2015年版（七訂）に記載なし

カ ＞ ＜ コ

すだち ▽ P136
ゆず ▽ P266

パントテン酸 0.15mg
葉酸 13μg
C 42mg
カリウム 140mg

Kabosu

かぼす

大分県特産の柑橘類。「すだち」よりも大きく、強い酸味と香りが特徴。皮を刻んで料理に添えたり、焼き魚や鍋物などに果汁を絞って香りや風味を楽しむ。シャーベットなどのデザートや、カクテルにも使用される。絞った果汁を冷凍保存しておくと便利。

| Season | Spring | Summer | Autumn | Winter |

- 濃い緑色で皮にツヤがあるものを選ぶ。
- ひとつずつラップで包み、ポリ袋に入れて冷蔵庫の野菜室に保存。

※果汁、生の栄養成分値

カ 〉———〈 コ

Leaf mustard

からし菜

アブラナ科の一種で、ピリッとした辛味と香りが特徴。漬け物やお浸し、和え物などにする。炒め物にしても良いが、加熱しすぎると辛味や香りが抜けて風味が落ちるので注意する。からし菜の種子は香辛料として使われ、和からしの原料になる。

Season	Spring	Summer	Autumn	Winter

- 葉がみずみずしく、ハリとツヤがあるもの。茎が太いものは硬いので細めのものを選ぶ。
- 水で湿らせた新聞紙で包み、ポリ袋に入れて冷蔵庫の野菜室に立てて保存。

※生の栄養成分値

Cauliflower
カリフラワー

キャベツの変種で、「花野菜」、「花キャベツ」ともいう。新鮮なものは生食でも良いが、一般的にはゆでてサラダやピクルス、炒め物、オーブン料理など、加熱調理して食べる。ゆでるときは、湯にレモン汁か酢を入れると、きれいな白色に。オレンジ色や紫色のものもある。

Season	Spring	Summer	Autumn	Winter

- ずっしりと重みがあり、つぼみにシミがなく締まっているものを選ぶ。
- ラップに包んで冷蔵庫の野菜室に立てて保存。

※ゆでの栄養成分値

カ 〉―――〈 コ

ほうれんそう ▽ P232

Savoy spinach
寒締(かんじ)めほうれんそう

「ほうれんそう」を収穫前に冷気にさらして糖度を上げたもの。葉の形状から「ちぢみほうれんそう」とも呼ばれる。水をはったボウルの中で洗って土を落とし、さっとゆでてお浸しや和え物に。炒める場合は、下ゆでしてアクを抜いたものを使うと美味。

| Season | Spring | Summer | Autumn | Winter |

- 葉が濃い緑色で、肉厚でハリがあるもの。根元が赤くみずみずしいものを選ぶ。
- 水で湿らせた新聞紙に包み、ポリ袋に入れて冷蔵庫の野菜室に立てて保存。

※日本食品標準成分表2015年版(七訂)に記載なし

Jerusalem artichoke
きくいも

キク科の植物の根茎。クセがなく、生食でも加熱調理しても食べられる。皮をむいて千切りにしてサラダや和え物にするとシャキシャキした食感を楽しめる。炒め物や汁物、天ぷらにしても美味。血糖値の上昇を抑制する「イヌリン」という食物繊維が豊富に含まれる。

Season	Spring	Summer	Autumn	Winter

- 実が硬く締まったもの。丸みがあり太っているものを選ぶ。しなびてやわらかくなっているものは鮮度が落ちているので避ける。
- 土がついた状態で新聞紙に包み、冷蔵庫の野菜室に保存。

※生の栄養成分値

カ 〉————〈 コ

サボイキャベツ ≫ P110
紫キャベツ ≫ P252
芽キャベツ ≫ P254

Nutrient
- モリブデン 4μg
- 食物繊維 1.8g
- 葉酸 78μg
- C 41mg
- K 78μg
- カルシウム 43mg
- クロム 1μg

Cabbage
キャベツ

ヨーロッパ原産のアブラナ科の野菜。「甘藍(かんらん)」ともいう。春キャベツはやわらかく生食に、冬キャベツは肉厚で加熱調理に向く。千切りは葉の繊維を断ち切るようにするとやわらかい。「キャベジン」ともよばれるビタミンUが含まれ、胃潰瘍などの予防に効果が期待できる。

Season	Spring	Summer	Autumn	Winter

- 冬キャベツは重みがあり、葉がしっかりと巻いているもの。春キャベツは外葉の緑が濃く、ふんわりと巻いているものを選ぶ。
- 芯をくり抜き、水で湿らせたキッチンペーパーを詰め、ポリ袋に入れて冷蔵庫の野菜室に。カットしたものはラップに包んで冷蔵庫の野菜室に保存。

※生の栄養成分値

Cucumber

きゅうり

ウリ科の野菜で、代表的な夏野菜。苦味のある両端を切り落とし、生のままサラダや酢の物、和え物にするほか、炒め物にしても美味。調理前に塩をまぶし、まな板の上で、手で転がす「板ずり」をした後、熱湯にくぐらせてから冷水にとると緑色がより鮮やかになる。

Season	Spring	Summer	Autumn	Winter

- 鮮やかな緑色でツヤがあり、表面のトゲが尖っているものを選ぶ。
- 水気をふき、キッチンペーパーで包む。ヘタを上にしてポリ袋に入れ、冷蔵庫の野菜室に立てて保存。冷やしすぎると低温障害を起こして傷みやすいので注意する。

※生の栄養成分値

Alpine leek
行者(ぎょうじゃ)にんにく

北海道から東北に分布するネギ属の山菜。独特の強い匂いがあり、山奥で修行する行者が好んで食べたことから「行者にんにく」の名がついたといわれる。生のままでも食べられるが、天ぷらや炒め物、お浸しなど、加熱調理すると匂いがやわらいで食べやすい。

Season	Spring	Summer	Autumn	Winter

- 葉がみずみずしく、開いていないもの。茎にハリがあるものを選ぶ。
- 水で湿らせたキッチンペーパーで根元を包み、ポリ袋に入れて冷蔵庫の野菜室に立てて保存。

※生の栄養成分値

Kumquat

きんかん

ミカン科の果実。ビタミン類が豊富で、やわらかい皮ごと食べられる。そのまま食べるほか、スライスしてサラダなどに入れても良い。ジャムや甘露煮にすると季節を問わず楽しめる。鶏肉や豚肉と一緒に煮込むと肉質がやわらかくなり、風味が増す。

Season	Spring	Summer	Autumn	Winter

- 色が濃くハリとツヤがあるもの。重みがあり、ヘタが枯れていないものを選ぶ。
- ポリ袋に入れて冷暗所、または冷蔵庫の野菜室に保存。

※生の栄養成分値

Cloud ear
きくらげ

きのこの一種。コリコリとした食感が特徴。生のものは水洗いし、石づきを取り除いてからゆで、水にさらす。乾燥したものは20分ほど水かぬるま湯に浸して戻す。よくもみ洗いし、石づきを取り除いてから調理する。酢の物やサラダ、スープの実、炒め物などに。

Season	Spring	Summer	Autumn	Winter

- 主に乾燥させたものが出回るが、生のものはツヤがあり肉厚のものを選ぶ。
- 乾燥したものは密閉容器に入れ、冷暗所に。生のものはキッチンペーパーに挟んで保存袋に入れ、冷蔵庫に保存。

※ゆでの栄養成分値

カ ＞―――＜ コ

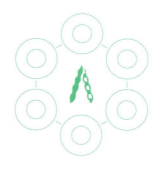

Red kidney bean

金時豆

いんげん豆の代表的な品種。なかでもよく知られているのが、鮮やかな赤紫色の「大正金時」。「赤いんげん」とも呼ばれ、形が良く大粒。甘納豆の原料になるほか、煮豆にもっとも適している。甘煮、うま煮、トマト煮など洋風の煮込み料理にも使われる。

Season	Spring	Summer	Autumn	Winter

- ツヤがあり粒の大きさがそろっているものを選ぶ。
- 乾燥豆：密閉容器に入れて冷暗所に保存。

※日本食品標準成分表2015年版（七訂）に記載なし

Gingko nut

銀杏

いちょうの実。落下した果実から果肉部分を除いたもの。ペンチなどを使って殻を取り除き、加熱して薄皮をむいてから食べる。炊き込みご飯や串焼き、茶碗蒸し、炒め物に加えても美味。食べ過ぎると中毒症状を起こすことがあるので注意が必要。

Season	Spring	Summer	Autumn	Winter

- 殻が大きく色が白いもの。実がしっかり詰まっていて、振っても音がしないものを選ぶ。
- 紙袋に入れて冷蔵庫の野菜室に保存。

※ゆでの栄養成分値

カ 〉――――〈 コ

Water spinach
くうしんさい
空芯菜（ヨウサイ）

中国野菜のひとつ。茎の中が空洞になっていることが名の由来。シャキシャキした食感が特徴で、中華料理やタイ料理によく使われる。アクが少ないやわらかい葉は生食できるが、炒め物にして食べるのがもっとも適している。お浸しや和え物、揚げ物、スープの実にしても。

| Season | Spring | Summer | Autumn | Winter |

- 葉の色が濃くみずみずしく、ハリがあるもの。切り口が変色していないものを選ぶ。
- 乾燥にとくに弱いので、水で湿らせたキッチンペーパーを切り口に巻く。さらに水で湿らせた新聞紙で全体を包み、ポリ袋に入れて冷蔵庫の野菜室に立てて保存。

※生の栄養成分値

Watercress

クレソン(ウォータークレス)

ヨーロッパ原産の植物で、「オランダガラシ」とも呼ばれる。とても栄養価が高く、爽やかな辛味と食感が特徴。生のままサラダ、さっとゆでてお浸しや和え物などにする。サラダにはやわらかい葉の部分が適している。茎はきざんでスープの実や、炒め物などにすると良い。

Season	Spring	Summer	Autumn	Winter

- 香りが強く、葉が濃い緑色で密生しているもの。茎が太くまっすぐで余分なひげ根がないものを選ぶ。
- 水で湿らせたキッチンペーパーで切り口を包み、保存袋に入れて冷蔵庫の野菜室に立てて保存。

※生の栄養成分値

えんどう豆
P48

Green pea
グリンピース

「えんどう」の未熟な豆を食用にするもの。「実えんどう」、「青えんどう」ともいう。さやから豆を取り出し、塩をまぶしてから熱湯でゆでる。彩としてサラダや炒め物、煮物などに。豆ごはんやスープにして煮汁ごと食べると、豊富なビタミン類を摂取できる。

Season	Spring	Summer	Autumn	Winter

- さやがみずみずしい緑色で、ふっくら盛り上がっているもの。さやから取り出すと鮮度が落ちるので、さやつきのものを選ぶ。
- さやのままポリ袋に入れ、冷蔵庫の野菜室に。さやから取り出したものは、水に浸して冷蔵庫に保存。

※ゆでの栄養成分値

Nutrient
- カリウム 550mg
- たんぱく質 6.2g
- リン 140mg
- 炭水化物 27.2g
- B6 0.3mg
- パントテン酸 0.75mg
- 葉酸 120μg
- 亜鉛 2.1mg
- E 3.1mg
- 銅 0.59mg

Arrowhead
くわい

「鍬芋(くわいも)」を略した名称。"芽が出て伸びる"ことから縁起の良い野菜としておせち料理に使われる。アクが強いため、煮物にする場合は下処理(皮をむいて水にさらし、米のとぎ汁でゆでる)してから調理する。炒め物や揚げ物などにしても良い。

Season	Spring	Summer	Autumn	Winter

- 皮に傷がなく、青味がかっているもの。芽にハリがあり、すっと伸びているものを選ぶ。
- 水をはったボウルに入れて冷蔵庫に。またはひとつずつ新聞紙に包み、ポリ袋に入れて冷蔵庫の野菜室に保存。

※ゆでの栄養成分値

カ ＞　　＜ コ

Kale

ケール

「キャベツ」や「ブロッコリー」の原種にもっとも近い野菜といわれる。独特の香りやえぐみがあるが、やわらかい葉はサラダにしても。生で使うときは、塩でもむと苦味が抑えられる。煮込んでも煮崩れないため、煮物や炒め物などにも適している。

Season	Spring	Summer	Autumn	Winter

- 緑色が濃く、葉がみずみずしくハリがあるものを選ぶ。
- 水で湿らせた新聞紙に包み、ポリ袋に入れて冷蔵庫の野菜室に保存。

※生の栄養成分値

ぜんまい ▽ P145
わらび ▽ P296

- E 1.7mg
- 食物繊維 5.2g
- K 120μg
- ナイアシン 2.9mg
- パントテン酸 0.6mg
- 葉酸 150μg
- C 27mg
- カリウム 350mg
- A 100μg
- 銅 0.26mg

Ostrich fern

こごみ

シダの一種「草蘇鉄」の若芽のこと。少しぬめりがあるが、やわらかくクセのない味はどんな料理にも合う。アクがないので、塩を加えた熱湯でさっとゆでるだけで食べられる。お浸し、ごま和え、白和えなどに。定番の天ぷらや、炒め物などにしても良い。

Season	Spring	Summer	Autumn	Winter

- 茎が太く、しっかり巻いているものを選ぶ。
- 新聞紙で包み、冷蔵庫の野菜室に保存。鮮度が落ちやすいため3日ほどで食べきる。

※生の栄養成分値

カ ＞―＜ コ

Burdock
ごぼう

キク科の野菜。皮に風味や栄養素があるので、むかずに表面をたわしで洗って調理する。白く仕上げたいときは酢水に浸けるが栄養成分が抜けないようさっとさらす程度にすると良い。きんぴらやかき揚げのほか、肉や魚の臭みを消す効果から柳川鍋やけんちん汁にも。

Season	Spring	Summer	Autumn	Winter

- 適度な弾力があり、太さが均一でひげ根が少ないものを選ぶ。泥つきのものの方が日持ちする。
- 洗いごぼうはラップに包んでポリ袋に入れ、冷蔵庫の野菜室に立てる。泥つきのものは新聞紙に包み、冷暗所に立てて保存。

※ゆでの栄養成分値
※旬：新ごぼう＝夏

Sesame

ごま

ゴマ科の植物の種子。ビタミン、カルシウム、食物繊維など栄養豊富。しっかり栄養を吸収するには、炒ったものをすり、皮を砕いて食べると良い。「白ごま」は油脂成分が多く風味豊か、「黒ごま」には鉄やカルシウムが多い。もっとも香り高いのは「金ごま」。

Season	Spring	Summer	Autumn	Winter

- ツヤがあり、ふっくらしていて、粒がそろっているものを選ぶ。栄養面では、むきごまよりも皮つきの方が優れている。
- 密閉容器に入れて冷暗所、または冷蔵庫に保存。

※乾の栄養成分値
※ごまに含まれる脂質には、コレステロールの上昇を抑制する働きがある。
※旬：国産＝秋／輸入品＝周年

カ 〉───〈 コ

Komatsuna

小松菜

「冬菜」とも呼ばれ、白菜や水菜などとともに冬の代表的な野菜。塩を入れた熱湯でさっとゆでて、お浸しや和え物に。東京では正月の雑煮の具材として欠かせない。アクが少ないため、炒め物や煮物にするときは下ゆでせずに使える。

Season	Spring	Summer	Autumn	Winter

- 葉が肉厚で、茎が太いものを選ぶ。
- 水で湿らせた新聞紙で包み、ポリ袋に入れて冷蔵庫の野菜室に立てて保存。

※ゆでの栄養成分値

カ 〉―――〈 コ

Bitter gourd
ゴーヤ（にがうり）

独特の苦味が特徴。たてに割り、種とワタを取り除いてから調理する。薄切りしたものを塩でもんでから水にさらしたり、さっとゆでると苦味がやわらぐ。お浸しや和え物、炒め物のほか、天ぷらにしても良い。ゴーヤチャンプルーは沖縄の郷土料理。

Season	Spring	Summer	Autumn	Winter

- 濃い緑色でツヤがあり、イボが密集しているものを選ぶ。
- ポリ袋に入れて、冷蔵庫の野菜室に。カットしたものは種とワタを取り除き、ラップに包んで冷蔵庫の野菜室に保存。

※油いための栄養成分値

Kohlrabi

コールラビ

ドイツ語で「コール」はキャベツ、「ラビ」はかぶを意味する。日本名は「蕪甘藍(かぶかんらん)」。食用にするのは丸い茎の部分で、薄緑色と赤紫色のものがある。生のままでも加熱調理しても良い。皮を厚めにむき、サラダや漬け物、和え物に。炒め物やシチューなど煮込み料理にしても美味。

Season	Spring	Summer	Autumn	Winter

- 皮にツヤがあり、ひび割れなどがないもの。大きいものは固いため、6〜7センチほどのものを選ぶ。
- 葉を根元から切り落とす。新聞紙で包んで冷蔵庫の野菜室に保存。

※生の栄養成分値

カ ＞ ＜ コ

広大、目につく

［かぼちゃの花言葉］

Chapter. 3

サ ▶ ◀ ソ

Sweet potato
さつまいも

「紅あずま」、「鳴門金時(なるときんとき)」、「安納芋」、「黄金千貫(こがねせんがん)」など多くの品種がある。加熱すると甘味が増し、煮物や揚げ物、焼き芋、スイートポテトなどのおやつまで幅広い料理で楽しめる。アクが強いため煮物にする際は皮を厚くむき、水にさらしてから調理する。

Season	Spring	Summer	Autumn	Winter

- 皮にハリとツヤがあり、色むらがないものを選ぶ。ひげ根や黒い斑点があるものは避ける。表面に蜜が浮いているものは甘い。
- 一本ずつ新聞紙に包んで冷暗所に。カットしたものはラップに包んで冷蔵庫に保存。冷やしすぎると低温障害を起こして傷みやすくなるので注意する。

※皮つき、蒸しの栄養成分値

サ ＞―――＜ ソ

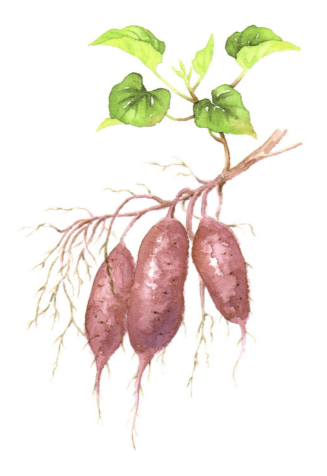

Taro

さといも

イモ類の中でも食物繊維が多く低カロリー。特有のぬめりには胃粘膜を保護する作用がある。煮物や汁の実、揚げ物、蒸し物などにする。煮るときは皮をむいて塩でもみ、ゆでこぼしてから煮汁で煮ると味が染み込みやすい。加熱してから皮をむき調理しても良い。

Season	Spring	Summer	Autumn	Winter

- 皮に湿り気があり、実のおしり部分が固いもの。泥つきで縞模様がはっきりしているものを選ぶ。
- 泥つきのまま新聞紙に包んで冷暗所に保存。冷蔵庫で冷やすと、低温障害で傷みやすくなるので避ける。

※水煮の栄養成分値

レタス
P279

Red leaf lettuce
サニーレタス

丸く結球しないレタスの一種。「赤ちりめんちしゃ」とも呼ばれ、葉先が赤紫色で縮れているのが特徴。レタスよりも栄養価は高い。クセのない味で、葉はやわらかいので生のままサラダやサンドイッチの彩りなどに。軽く炒めたり、スープの実にしても良い。

Season	Spring	Summer	Autumn	Winter

- 葉先の色が濃く、ハリのあるものを選ぶ。
- 水で湿らせたキッチンペーパーで根元を包み、ポリ袋に入れて冷蔵庫の野菜室に立てて保存。

※生の栄養成分値

サ ＞―＜ ソ

キャベツ P74

Savoy cabbage
サボイキャベツ

フランスのサボイ地方発祥のキャベツ。日本では「ちりめんキャベツ」とも呼ばれ、葉が縮れているのが特徴。少し苦味があり、葉は水分が少なく繊維がしっかりしている。生食よりもロールキャベツやポトフなどの煮込み料理に向いている。

| Season | Spring | Summer | Autumn | Winter |

- 色が鮮やかで葉にハリがあり、ずっしりと重みがあるものを選ぶ。
- 芯をくり抜き、水で湿らせたキッチンペーパーを詰め、ポリ袋に入れて冷蔵庫の野菜室に。カットしたものはラップに包んで冷蔵庫の野菜室に保存。

※日本食品標準成分表2015年版（七訂）に記載なし

サ ＞ ＜ ソ

Green bean
さやいんげん

「いんげん」をさやごと若取りして食用にするもの。年に3度も収穫できるため、関西では「三度豆」とも呼ばれる。固い筋がある場合は取り除き、塩を入れた熱湯でゆでてサラダや和え物にする。煮物や炒め物、揚げ物、汁の実など、さまざまな料理に使われる。

Season	Spring	Summer	Autumn	Winter

- 色が濃くハリがあり、まっすぐで細めのものを選ぶ。表面から豆の形が凸凹出ているものはさやが固いので避ける。
- キッチンペーパーで包み、ポリ袋に入れて冷蔵庫の野菜室に保存。

※ゆでの栄養成分値

サ ——— ソ

えんどう豆 ▽ P48

- 鉄 0.8mg
- 食物繊維 3.1g
- 銅 0.09mg
- B1 0.14mg
- 葉酸 56μg
- C 44mg
- E 0.7mg
- マンガン 0.39mg
- K 40μg

Podded pea

さやえんどう

「えんどう」をさやごと若取りして食用にするもの。長さが5〜7センチほどで実が小さいものを「絹さや」、実がやや大きいものを「さとうざや」という。周囲の筋を取り除いてから調理する。さっと塩ゆでしてサラダや炒め物にしたり、ちらし寿司や煮物の彩りなどに。

Season	Spring	Summer	Autumn	Winter

- ヘタが鮮やかな緑色で、全体にハリがあるもの。豆が小さく、さやに厚みがないものを選ぶ。
- キッチンペーパーで包み、ポリ袋に入れて冷蔵庫の野菜室に保存。

※ゆでの栄養成分値

レタス ＞ P279

Boston lettuce

サラダ菜

レタスの一種。淡色野菜のレタスに対し、カロテンやビタミン類、ミネラルを多く含む緑黄色野菜のひとつ。葉がやわらかいので、生のままサラダやサンドイッチの具材、料理のつけ合わせに。さっとゆでて和え物にしたり、炒め物、スープの実にしても良い。

| Season | Spring | Summer | Autumn | Winter |

- 葉が鮮やかな緑色で、厚みがあるものを選ぶ。
- 水で湿らせたキッチンペーパーで根元を包み、ポリ袋に入れて冷蔵庫の野菜室に立てて保存。

※生の栄養成分値

サ ＞ ソ

Korean lettuce

サンチュ

「サンチュ」は韓国の呼び名。日本では「掻きちしゃ」とも呼ばれる。レタス類は熱に弱いが、サンチュは焼いた肉などを巻いても食感が良いのが特徴。サラダや炒め物にしても美味。レタス類は包丁で切ると切り口が変色しやすいため手でちぎると良い。

Season	Spring	Summer	Autumn	Winter

- 葉にハリがあり、みずみずしいもの。切り口が変色していないものを選ぶ。
- 水で湿らせたキッチンペーパーで包み、ポリ袋に入れて冷蔵庫の野菜室に保存。

※生の栄養成分値

Nutrient

- 鉄 10.1mg
- B2 0.45mg
- 炭水化物 69.6g
- ビオチン 27.1μg
- 銅 0.33mg
- クロム 21μg
- カリウム 1700mg
- マグネシウム 100mg
- カルシウム 750mg
- モリブデン 19μg

Japanese pepper
山椒(さんしょう)

葉は「山椒(さんしょう)」の若芽で「木の芽」とも。手のひらにのせて軽くたたくと香りが立ち、煮物や焼き物のあしらいに使われる。実の部分は未熟なものを「青山椒(あおざんしょう)」といい、下処理したものを佃煮などにして食べる。熟した実は「実山椒(みざんしょう)」といい、砕いて「粉山椒(こなざんしょう)」にする。

Season	Spring	Summer	Autumn	Winter

- 葉はみずみずしく淡い緑色のもの。実は鮮やかな緑色で小粒のものを選ぶ。
- 葉は水で湿らせたキッチンペーパーで包み、ポリ袋に入れて冷蔵庫の野菜室に。実はゆでた後、水にさらしてアク抜きしたものを保存袋に入れて冷凍保存。

※粉末の栄養成分値 ※旬：木の芽＝春／青山椒＝夏／粉山椒＝秋

サ ＞ ソ

Shiitake mushroom
しいたけ

「マッシュルーム」、「ふくろたけ」と並んで、世界三大栽培きのこのひとつ。生のしいたけは水で洗うと旨みや風味が損なわれる。汚れがある場合はふきんなどで拭くか、さっと水洗いし、石づきを取ってから調理する。煮物、焼き物、炒め物など幅広い料理に使われる。

| **Season** | Spring | Summer | Autumn | Winter |

- カサが肉厚で開いておらず軸が太く短いもの。裏側が白く、ひだが細かいものを選ぶ。
- 軸を上にして数個ずつキッチンペーパーで包み、ポリ袋に入れて冷蔵庫の野菜室に保存。

※菌床栽培、ゆでの栄養成分値

Sweet pepper
ししとうがらし

「とうがらし」のうち、辛味の少ない「甘味種」に属するが、「辛味種」の成分であるカプサイシンも含まれているのが特徴。炒め物、揚げ物、煮物、焼き物などにして食べる。油で揚げるときは破裂を防ぐために穴を開けるか切り目を入れておく。

| Season | Spring | Summer | Autumn | Winter |

- ツヤがあり、ヘタがみずみずしいものを選ぶ。
- キッチンペーパーで包み、ポリ袋に入れて冷蔵庫の野菜室に保存。

※油いための栄養成分値

サ ＞―＜ ソ

赤じそ ≫ P10
エゴマ ≫ P38
しその実 ≫ P122

Perilla

しそ（青じそ・大葉）

香辛野菜のひとつ。刺身に添えたりサラダに混ぜるなどの生食のほか、天ぷらや揚げ物などに利用する。香りの成分「ペリルアルデヒド」には、強い殺菌力と食欲増進作用がある。丈夫で育てやすいため自家栽培に向いている。

Season	Spring	Summer	Autumn	Winter

- 葉が色鮮やかでみずみずしいもの。葉や茎に変色がないものを選ぶ。
- 湿らせたキッチンペーパーに包み、ポリ袋に入れて冷蔵庫の野菜室に保存。

※生の栄養成分値

Perilla flower
しその実

しその花穂のこと。花をつけたものを「花穂じそ」、花が落ちて実が熟す前のものを「穂じそ」という。実を軸に沿ってしごき、刺身のつまや薬味として利用する。しその実油に多く含まれるα-リノレン酸にはアレルギー緩和作用がある。

| Season | Spring | Summer | Autumn | Winter |

- 実がふっくらとしているもの。全体にみずみずしく変色がないものを選ぶ。
- 水で湿らせたキッチンペーパーに包み、ポリ袋に入れて冷蔵庫の野菜室に保存。

※生の栄養成分値

サ 〉―――〈 ソ

Japanese yam
自然薯 (じねんじょ)

日本原産の「ヤマノイモ」の中で、もっとも粘りが強い。すりおろしてとろろにして食べるのが一般的。皮が薄いので皮つきのまますりおろしても良いが、汚れが気になる場合はたわしで洗う。短冊切りにしてしょう油をかけて食べたり、天ぷらにしても美味。

Season	Spring	Summer	Autumn	Winter

- 太すぎず、ひげ根が乾燥していないもの。表皮に傷がなく、カットしたものは切り口が真っ白なものを選ぶ。
- 新聞紙で包み、ポリ袋に入れて冷蔵庫の野菜室に。カットしたものはラップで包んで冷蔵庫に保存。

※生の栄養成分値

サ 〉―――〈 ソ

Shimeji mushroom
しめじ

「香りまつたけ、味しめじ」とは、希少価値が高い天然の「ほんしめじ」を指す。主に流通しているのは菌床栽培された「ぶなしめじ」。水で洗うと旨みや風味が損なわれるので、汚れがある場合はふきんで拭くかさっと水洗いする。鍋物や炒め物、汁の実などに使われる。

Season	Spring	Summer	Autumn	Winter

- 重みがあり、軸が太くて短めのもの。カサが開きすぎず小ぶりで、密集しているものを選ぶ。
- キッチンペーパーで包み、ポリ袋に入れて冷蔵庫の野菜室に保存。小分けにして使う場合は、石づきを切らないこと。

※ぶなしめじ、ゆでの栄養成分値

Potato

じゃがいも

南米アンデス地方原産の芋。春先に出回るのは「新じゃがいも」。ホクホクした食感の「男爵」と、煮崩れしにくい「メークイーン」が代表品種。男爵はコロッケ、メークイーンは煮物に向く。芽や青緑色の皮の部分には「ソラニン」という有害物質があるため取り除くこと。

Season	Spring	Summer	Autumn	Winter

- 皮にしわがなく、太ってハリがあるもの。皮が青緑色に変色しているものや芽が出ているものは避ける。
- 紙袋などに入れて冷暗所に保存。りんごと一緒に入れると、りんごが発するエチレンガスによって発芽しにくくなる。

※蒸しの栄養成分値
※旬：新じゃがいも＝春

Water shield
じゅんさい

スイレン科の水草の一種で、独特の歯ざわりとつるりとした食感が特徴。瓶詰めのものはそのまま使えるが、生のものは下処理が必要。沸騰した湯の中で1分ほどゆで、冷水にさらしてから調理する。酢の物や和え物、汁の実などにして食べると美味。

Season	Spring	Summer	Autumn	Winter

- 芽の部分が2.5センチ以下と小さく、ゼリー状の部分が多いものが高級とされている。食感を楽しみたい場合は4〜6センチのものを選ぶ。
- 生のものはパックのまま冷蔵庫に保存。3日ほどで食べきる。

※水煮瓶詰めの栄養成分値

Ginger
しょうが

代表的な香辛野菜。辛味と香りが特徴で、古くから薬用としても用いられてきた。「根しょうが」は、刻む、おろすなどして、各種料理の薬味に。また、肉や魚に下味をつけたり、煮込む際の臭い消しにもなる。「新しょうが」は甘酢漬けにして寿司などに添えると良い。

Season	Spring	Summer	Autumn	Winter

- 根しょうがは固く締まっていて、切り口が変色していないもの。新しょうがはハリがあり、茎の切り口がきれいな赤色のものを選ぶ。
- 根しょうがは新聞紙に包んで冷暗所に。新しょうがはラップに包んで冷蔵庫に保存。

※根しょうが、生の栄養成分値
※旬：新しょうが＝夏／根しょうが＝秋

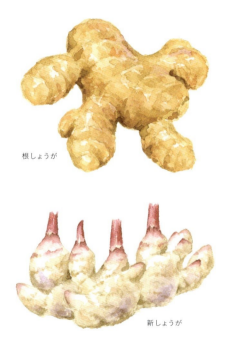

根しょうが

新しょうが

Garland chrysanthemum
春菊

冬の代表的な緑黄色野菜。関西では「菊菜」とも呼ばれる。アクが少ないので下ゆでしなくても食べられる。生のままサラダにする場合はやわらかい葉先を使うと口当たりが良い。ゆでてお浸しや和え物に、鍋物やかき揚げの具材にしても美味。

Season	Spring	Summer	Autumn	Winter

- 葉の色が濃くみずみずしいもの。茎が細く、葉が茎の下の方にもついているものを選ぶ。
- 水で湿らせた新聞紙で包み、ポリ袋に入れて冷蔵庫の野菜室に立てて保存。

※ゆでの栄養成分値

Edible chrysanthemum

食用菊

食用として栽培された菊。料理のつまに使われる小型のものと、花びらを食用にする大型のものがある。花びらはシャキシャキした食感が特徴。がくから花びらを取り、少量の酢を入れた熱湯で軽くゆでてから使う。お浸しや酢の物、和え物にして食べる。

Season	Spring	Summer	Autumn	Winter

- 色鮮やかでハリがあり、花びらが落ちていないものを選ぶ。
- ポリ袋に入れて冷蔵庫の野菜室に保存。

※ゆでの栄養成分値

Oriental pickling melon
白うり

きゅうりの仲間で、淡い緑色の皮は完熟すると白っぽくなる。味は淡白で食感が良く、「味噌漬け」、「奈良漬け」、「鉄砲漬け」など、主に漬け物にして食べる。種を抜いて長いらせん状に切り、塩をふって干したものを「雷干し」という。適当な長さに切って三杯酢などで食べる。

Season	Spring	Summer	Autumn	Winter

- 重みがあり、太さが均一なもの。皮が黄緑色でツヤがあるものを選ぶ。
- 新聞紙に包み、ポリ袋に入れて冷蔵庫の野菜室に保存。

※生の栄養成分値

えんどう豆 ▼ P48

Snap pea
スナップえんどう

「えんどう」の新しい品種でアメリカ生まれ。長さは7〜8センチほどで肉厚、味は甘くてシャキシャキとした食感が特徴。周囲の筋を取り除いてから調理する。さやがやわらかいので、さっとゆでてサラダや料理のつけ合わせに。炒め物やスープの実にしても美味。

| Season | Spring | Summer | Autumn | Winter |

- ヘタが鮮やかな緑色で、全体にハリがあるもの。ふっくらしているものを選ぶ。
- キッチンペーパーで包み、ポリ袋に入れて冷蔵庫の野菜室に保存。

※生の栄養成分値

かぼす ❯ P68
ゆず ❯ P266

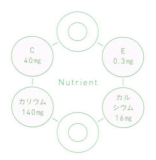

Sudachi
すだち

徳島県特産の柑橘類。「かぼす」よりも小さく、爽やかな香りとほどよい酸味が特徴。皮をすりおろして料理のあしらいに、焼き魚や刺身、豆腐などに果汁を絞って香りや風味を楽しむ。シャーベットなどのデザートやカクテルにも使用される。果汁は冷凍保存も可能。

Season	Spring	Summer	Autumn	Winter

- 濃い緑色で表面がなめらかなもの。重みのあるものを選ぶ。
- ひとつずつラップで包み、ポリ袋に入れて冷蔵庫の野菜室に保存。

※果汁、生の栄養成分値

サ ❯―――❮ ソ

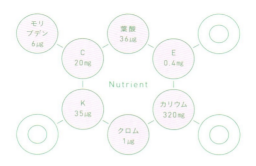

Zucchini

ズッキーニ

ウリ科カボチャ属の野菜。「ズッキーニ」は、イタリア語で「小さなかぼちゃ」の意味。緑や黄色い皮のものがある。味にクセがなく、皮つきのまま加熱して食べるのが一般的。相性の良いオリーブオイルで炒めたり、フライや煮込み料理にも向いている。

Season	Spring	Summer	Autumn	Winter

- 太さが均一でツヤがあるもの。ヘタの切り口がみずみずしいものを選ぶ。
- 一本ずつ新聞紙で包み、ポリ袋に入れて冷蔵庫の野菜室に保存。

※生の栄養成分値

アルファルファ ⌄ P26
かいわれ大根 ⌄ P58
豆苗 ⌄ P171
ブロッコリースプラウト ⌄ P227
もやし ⌄ P257

Sprout
スプラウト

発芽野菜のこと。「かいわれ大根」や「もやし」、「豆苗」も含まれる。スプラウトの名称で流通するのは主にブロッコリーやクレス、マスタードなどの新芽。調理の際は水の中で種殻を振るい落とし、根元を切って使う。生でサラダ、炒め物やスープの彩りにしても良い。

| Season | Spring | Summer | Autumn | Winter |

- 茎にハリがあり、葉がみずみずしいものを選ぶ。
- パックや袋のまま冷蔵庫に保存。

※「スプラウト」としては、日本食品標準成分表2015年版（七訂）に記載なし

サ 〉———〈 ソ

Japanese parsley

せり

日本原産の山菜で、春の七草のひとつ。茎や葉だけでなく根も食べられる。さっとゆでてお浸しや和え物、汁の実に。肉の臭みを消す効果があるので、牡丹鍋や鴨鍋、すきやきに入れると良い。秋田の郷土料理、きりたんぽ鍋にも欠かせない野菜。

Season	Spring	Summer	Autumn	Winter

- 葉が鮮やかな緑色でみずみずしいもの。茎が太すぎず、まっすぐ伸びているものを選ぶ。
- 水で湿らせた新聞紙で根元を包み、ポリ袋に入れて冷蔵庫の野菜室に立てて保存。

※ゆでの栄養成分値

Sage
セージ

ヨーロッパで古くから重宝されてきた代表的なハーブ。別名「薬用サルビア(ラテン語で、治す・救うの意)」ともいう。よもぎに似た爽やかな香りが特徴。肉や魚料理、レバーなどの内臓を使う料理の臭み消しになる。ソーセージの風味づけにも使われる。

Season	Spring	Summer	Autumn	Winter

- 葉が小さめで、やわらかいものを選ぶ。
- 水で湿らせたキッチンペーパーで切り口を包み、保存袋に入れて冷蔵庫の野菜室に立てて保存。

※粉末の栄養成分値

サ ＞――＜ ソ

Celery

セロリ

香辛野菜の一種。香り成分には、神経の鎮静や食欲増進などの優れた作用がある。茎の固い筋を取り、生のままサラダやピクルスにしたり、炒め物など加熱調理しても美味。煮込み料理に使うと、肉や魚の臭みを消す効果もある。

Season	Spring	Summer	Autumn	Winter

- 葉がみずみずしく、茎に通る筋がはっきりしていて肉厚なものを選ぶ。切り口が変色しているものは避ける。
- 葉と茎を切り離す。それぞれをラップで包んで冷蔵庫の野菜室に立てて保存。

※生の栄養成分値

こごみ ⌄ P94
わらび ⌄ P296

Flowering fern

ぜんまい

シダ類の一種で、全国に自生する山菜。生のものはアクが強く下処理が必要だが、とても手間がかかるため、処理済の乾燥ぜんまいや水煮なども市販されている。処理をしたぜんまいは、煮物や和え物、ナムルなどにして食べる。

Season	Spring	Summer	Autumn	Winter

- 色が鮮やかで、産毛がついているもの。巻きがしっかりしているものを選ぶ。
- アク抜きしたものを乾燥させて常温保存。

※ゆでの栄養成分値

Broad bean
そら豆

世界各地で古くから栽培されている食用豆。さやが空に向かって伸びる姿から名がついた。鮮度を保つため、調理する直前にさやから豆を出す。薄皮の黒い部分（お歯黒）に切り目を入れ、塩ゆでにすると美味。調味料の「豆板醤」は、そら豆を原料としてつくられる。

Season	Spring	Summer	Autumn	Winter

- さやの色が鮮やかでツヤがあり、触ったときに弾力があるもの。外から見たときに豆の大きさがそろっているものを選ぶ。
- 鮮度が落ちやすいので、買ったらすぐにゆでること。すぐにゆでられなければ、さやつきのままポリ袋に入れて冷蔵庫の野菜室に保存。

※ゆでの栄養成分値

慈悲心、博愛、恩恵

［じゃがいもの花言葉］

Chapter. 4

タ ＞――――＜ ト

Tatsoi

タアサイ

中国野菜のひとつ。アクが少なく、味にもクセがないため、どんな料理にも合う。さっとゆでてお浸しや和え物、煮物、スープの実にしても美味。豊富に含まれるカロテンには抗酸化作用があり、油炒めにして食べると吸収率が高まる。

Season	Spring	Summer	Autumn	Winter

- 葉が濃い緑色でツヤがあり、肉厚なもの。葉先が細かく縮れているものを選ぶ。
- 水で湿らせた新聞紙に包み、ポリ袋に入れて冷蔵庫の野菜室に立てて保存。

※ゆでの栄養成分値

かいわれ大根 ≫ P58

Nutrient
- 食物繊維 1.4g
- 葉酸 34μg
- カルシウム 24mg
- モリブデン 3μg
- C 12mg
- パントテン酸 0.12mg

Japanese white radish

大根

春の七草のひとつで、「すずしろ」とも呼ばれる。流通の主流は「青首だいこん」。生のままでも加熱調理しても美味。根の上部は甘く、大根おろしやサラダ向き。下部は辛味があり、煮物や炒め物、汁の実に向いている。葉や皮は、炒め物や汁の実にすると良い。

Season	Spring	Summer	Autumn	Winter

- ずっしりと重く、色が白く太いもの。ひげ根が少ないものを選ぶ。
- 葉と根は切りはなす。根は新聞紙に包んで冷暗所で、カットしたものはラップに包んで冷蔵庫の野菜室に。葉はさっとゆでて冷蔵庫に保存。

※根、皮つき、生の栄養成分値

タ ── ト

Soybean

大豆（黄大豆）

黒・赤・茶など種類は多様だが、日本では黄大豆が主流。良質なたんぱく質を多く含み、"畑の肉"といわれる。ビタミン、ミネラル、食物繊維が多いのも特徴。豆そのものを食べるのはもちろん、味噌・しょう油・豆腐・納豆・油揚げなど多くの加工食品にも用いられている。

| Season | Spring | Summer | Autumn | Winter |

- ツヤがあり粒の大きさがそろっているものを選ぶ。
- 乾燥豆：密閉容器に入れて冷暗所に保存。

※国産、黄大豆、ゆでの栄養成分値
※大豆に含まれる脂質には、コレステロールの上昇を抑制する働きがある。

タ ＞ ＜ ト

からし菜 P69

Leaf mustard

高菜

アブラナ科の野菜で、からし菜の一種。ピリッとした辛味が特徴。「三池高菜」、「大葉高菜」、「長崎高菜」など、さまざまな品種がある。炒め物や煮物、さっとゆでてお浸しにしても美味。高菜漬けは有名で、チャーハンやパスタなどの具材としても使われる。

Season	Spring	Summer	Autumn	Winter

- 株が大きく、全体にハリがあるもの。葉や茎が肉厚なものを選ぶ。
- 水で湿らせた新聞紙で包み、ポリ袋に入れて冷蔵庫の野菜室に立てて保存。

※生の栄養成分値

タ ＞―――＜ ト

Bamboo shoot
たけのこ

竹の地下茎から出てきた若い芽のこと。一般的に流通しているのは「孟宗竹(もうそうちく)」。エグミがあるため米ぬかと唐辛子を入れた熱湯でゆで、しっかりとアク抜きをしてから調理する。下処理したたけのこは、煮物や和え物、たけのこご飯、汁の実、炒め物にしても美味。

Season	Spring	Summer	Autumn	Winter

- 小ぶりでずっしりと重みがあるもの。切り口に変色がなく、みずみずしいものを選ぶ。
- エグミが出るのですぐに下ゆでしてアク抜きをする。皮をむいて水に浸し、冷蔵庫に保存。毎日水を替え、1週間ほどで食べきる。

※ゆでの栄養成分値

Thyme

タイム

シソ科のハーブ。肉や魚介料理と相性が良く、香味野菜を束にした「ブーケガルニ」としても使われる。オイルやビネガーに漬け込んでおくと爽やかな香りが移り、ドレッシングやマリネなどに利用できる。「タイム」の語源はギリシャ語の「Thymon（チモン）」で防腐の意味。

Season	Spring	Summer	Autumn	Winter

- 全体がみずみずしく、葉に黒ずみがないものを選ぶ。
- 水で湿らせたキッチンペーパーで切り口を包み、保存袋に入れて冷蔵庫の野菜室に立てて保存。

※粉末の栄養成分値

タ ── ト

赤たまねぎ ▽ P12
葉たまねぎ ▽ P210

食物繊維 1.6g
B6 0.16mg
C 8mg
カリウム 150mg

Onion
たまねぎ

最も多く流通するのは「黄たまねぎ」。貯蔵性を高めるために表皮を乾燥させてから出荷されるが、新たまねぎは収穫後すぐに出荷され春先に出回る。水分が多くやわらかいため生食に向く。「ペコロス」は小型のたまねぎ。甘味が強く煮くずれしにくいので煮込み料理に最適。

| Season | Spring | Summer | Autumn | Winter |

- 皮にツヤがあり、頭の部分がしっかり硬いものを選ぶ。
- ネットなどに入れて、風通しの良い場所に。新たまねぎは、ポリ袋に入れて冷蔵庫の野菜室に保存。

※生の栄養成分値
※旬：新たまねぎ＝春・秋

Aralia sprout
たらの芽

「たらのき」の新芽のこと。味はほろ苦く、香り豊かで山菜の王様ともいわれる。根元の固い部分とはかまを取り除き、生のまま天ぷらにすると美味。そのほか、さっとゆでてお浸しや和え物、炒め物にしても良い。加熱しすぎると香りがなくなるので注意する。

Season	Spring	Summer	Autumn	Winter

- 芽の部分が5センチほどで、穂先がきれいな緑色のものを選ぶ。
- 新聞紙に包み、ポリ袋に入れて冷蔵庫の野菜室に保存。3日ほどで食べきる。

※ゆでの栄養成分値

トレビス P175

Chicory
チコリ

フランス名は「アンディーブ」。サクサクとした食感とほろ苦い味が特徴。生のままサラダにしたり、葉を器に見立ててオードブルに。スープやクリーム煮にするときは、レモン汁を加えた湯で下ゆでしてから調理すると黒ずみを防ぐことができる。

| Season | Spring | Summer | Autumn | Winter |

- ハリとツヤがあり、巻きがしっかりしているものを選ぶ。
- 乾燥しやすいため、ラップに包み、冷蔵庫の野菜室に保存。

※生の栄養成分値

タ ── ト

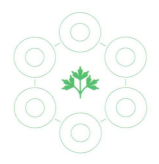

Chervil

チャービル(セルフィーユ)

フランス料理によく使われるハーブ。「美食家のハーブ」とも呼ばれる。ほんのり甘い香りが特徴で、料理の仕上げに添えると良い。チャービル、パセリ、タラゴン、チャイブをみじん切りにして合わせた「フィーヌゼルブ」は、フランスの伝統的な薬味。

Season	Spring	Summer	Autumn	Winter

- 葉がやわらかでみずみずしく、細かく切り込みが入っているものを選ぶ。
- 水で湿らせたキッチンペーパーで切り口を包み、保存袋に入れて冷蔵庫の野菜室に立てて保存。

※日本食品標準成分表2015年版(七訂)に記載なし

タ ＞―＜ ト

Qing geng cai

チンゲンサイ

中国野菜のひとつ。クセのない味とシャキシャキした食感は、中華料理だけでなく幅広い料理に向く。さっとゆでてお浸しや和え物、スープの実、鍋物に入れても良い。抗酸化作用のあるカロテンが豊富に含まれ、油炒めにして食べると吸収率がアップする。

Season	Spring	Summer	Autumn	Winter

- 葉が鮮やかな緑色で、茎が肉厚なもの。切り口がみずみずしいものを選ぶ。
- 水で湿らせた新聞紙に包み、ポリ袋に入れて冷蔵庫の野菜室に立てて保存。

※ゆでの栄養成分値

葉とうがらし
P213

Nutrient
- A 640μg
- 食物繊維 10.3g
- E 8.9mg
- B2 0.36mg
- ナイアシン 3.7mg
- B6 1mg
- パントテン酸 0.95mg
- カリウム 760mg
- C 120mg
- 鉄 2mg

Chili pepper
とうがらし

香辛料のひとつ。「ハバネロ」や「ハラペーニョ」など多くの種類があるが、日本で一般的に使われるのは赤とうがらしの「鷹の爪」。炒め物や煮物などの料理のほか、漬け物やピクルス、ソースにも使われる。辛味成分のカプサイシンには、強い殺菌・抗菌作用がある。

| Season | Spring | Summer | Autumn | Winter |

- ハリとツヤがあり、色鮮やかなものを選ぶ。
- 生のものはポリ袋に入れて冷蔵庫の野菜室に。乾燥させたものは密閉容器に入れて冷暗所に保存。

※生の栄養成分値

タ ── ト

Winter melon
冬瓜
とうがん

夏が旬の野菜だが、貯蔵性が高く冬までもつことから「冬瓜」と呼ばれるようになった。調理前に皮をむき、種とワタを除いてから下ゆでする。淡白でクセがないので、旨味の強いだし汁で煮たり、スープにすると良い。また、肉や魚介類と炒めても美味。

Season	Spring	Summer	Autumn	Winter

- ずっしりと重く、皮の表面に白い粉がふいているものを選ぶ。
- 丸のままのものは新聞紙で包んで冷暗所に。カットしたものは種とワタを取り除いてからキッチンペーパーで包み、ポリ袋に入れて冷蔵庫の野菜室に保存。

※ゆでの栄養成分値

タ ＞―――＜ ト

えんどう豆 ▽ P48
スプラウト ▽ P140

Pea sprout
豆苗

「えんどう」の種子を発芽させたもの。スプラウトのひとつ。豆特有の風味とシャキシャキした食感が特徴。生食でも良いがさっとゆでた方が食べやすい。お浸しや和え物、汁の実にしても。抗酸化作用のあるカロテンは、油炒めにして食べると効率よく吸収できる。

| Season | Spring | Summer | Autumn | Winter |

- 葉が濃い緑色で、茎にハリがあるものを選ぶ。
- パックのまま冷蔵庫、または野菜室に保存。小分けにして使う際は、根元を切り落とさないこと。

※生の栄養成分値

Sweet corn
とうもろこし

「米」、「麦」とともに世界三大穀物のひとつ。新鮮なものは生でも食べられるが、加熱した方が甘味や香りが増す。スープや炒め物、揚げ物など、さまざまな料理に。とうもろこしのひげ一本は実ひと粒と繋がっているので、ひげが多いものほど粒が詰まっている。

Season	Spring	Summer	Autumn	Winter

- ひげが濃い茶色でふさふさしているもの。粒がつまっていてツヤがあるもの。なるべく皮つきのものを選ぶ。
- 鮮度が落ちやすいので、すぐにゆでること。すぐに下処理できない場合は、皮つきのまま一本ずつ新聞紙に包み、冷蔵庫の野菜室に立てて保存。

※ゆでの栄養成分値

ミニトマト P244

- 葉酸 22μg
- C 15mg
- E 0.9mg
- カリウム 210mg
- モリブデン 2μg

Tomato
トマト

ヨーロッパでは"トマトが赤くなると医者が青くなる"といわれるほど栄養価が高い。イタリアでは「ポモドーロ（＝黄金のりんご）」と呼ばれ、料理に欠かせない。サラダなどの生食や炒め物、トマトソースやケチャップなどの加工食品まで幅広く利用される。

| Season | Spring | Summer | Autumn | Winter |

- 色が濃く、ハリとツヤがあるもの。ヘタが緑色でみずみずしいものを選ぶ。
- 一個ずつキッチンペーパーで包む。ヘタを下にしてポリ袋に入れて冷蔵庫の野菜室に保存。

※生の栄養成分値

タ ＞ ＜ ト

Trevise

トレビス

チコリの仲間。軸が白、葉先が赤紫色をしている。紫キャベツと似ているが別の野菜。少し苦味があり、加熱すると苦味が増す。抗酸化作用のある色素成分「アントシアニン」を効率よく摂取するためには、加熱せず生のままサラダなどで食べるのがおすすめ。

Season	Spring	Summer	Autumn	Winter

- ハリとツヤがあり、変色がないもの。巻きがしっかりしているものを選ぶ。
- ラップに包み、冷蔵庫の野菜室に保存。

※生の栄養成分値

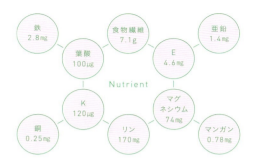

Nutrient
- 鉄 2.8mg
- 葉酸 100µg
- 食物繊維 7.1g
- E 4.6mg
- 亜鉛 1.4mg
- K 120µg
- マグネシウム 74mg
- 銅 0.25mg
- リン 170mg
- マンガン 0.78mg

Field caviar
とんぶり

「ほうき木」の実を乾燥させ、加熱後に皮を除いて加工したもの。秋田県の特産品。プチプチとした食感がキャビアに似ていることから"畑のキャビア"とも呼ばれる。一般的に真空パックや瓶詰めにしたものが流通している。クセのない味で、サラダや和え物などにする。

| Season | Spring | Summer | Autumn | Winter |

- 粒がそろっていて光沢があり、黒緑色のものを選ぶ。
- 開封後は冷蔵庫に保存。

※ゆでの栄養成分値

タ ― ト

とんぶり

ほうき木

ほうき木の実

潔癖、潔白

［だいこんの花言葉］

Chapter. 5

ナ ＞―――＜ ノ

Chinese yam
長いも

中国原産のヤマノイモで、水気が多く粘りは少ない。皮をむき、生のまますりおろしてとろろにするほか、刻んでサラダや和え物に。煮物や炒め物、揚げ物などにしても美味。酢水で手を洗ってから調理すると、かゆみを抑えられる。

Season	Spring	Summer	Autumn	Winter

- 皮にハリがあり、太くまっすぐ伸びたもの。カットされたものは、切り口が白くみずみずしいものを選ぶ。
- 新聞紙で包み、ポリ袋に入れて冷蔵庫の野菜室に。カットしたものはラップで包んで冷蔵庫に保存。

※生の栄養成分値

賀茂なす ≫ P228
米なす ≫ P66

Egg plant
なす

代表的な夏野菜。味にクセがなく幅広い調理法で食べられる。アクが強いため漬け物や煮物、汁物にするときは切ったあと水にさらしてアク抜きをする。油で調理する場合は水にさらす必要はない。皮に含まれる「ナスニン」はポリフェノールの一種で、抗酸化作用がある。

| Season | Spring | Summer | Autumn | Winter |

- 色が濃く、ハリとツヤがあるもの。ヘタが黒っぽく、トゲがあるものを選ぶ。
- ひとつずつラップで包み、冷蔵庫の野菜室に保存。冷やしすぎると低温障害を起こして傷みやすいので注意する。

※生の栄養成分値

ナ ＞─＜ ノ

Nutrient
- K 250µg
- 食物繊維 4.3g
- カルシウム 140mg
- B2 0.14mg
- 葉酸 190µg
- C 44mg
- A 200µg
- リン 86mg
- E 2.8mg
- 鉄 1.7mg

Canola flower

菜の花（菜花）

キャベツや小松菜などと同じアブラナ科の野菜。ほろ苦い味が特徴。アクが強いため、塩を入れた熱湯でさっと下ゆでし、水にさらしてから調理する。お浸しや和え物、炒め物、汁の実にするほか、下ゆでせずに天ぷらにしても美味。

Season	Spring	Summer	Autumn	Winter

- 全体が鮮やかな緑色で、つぼみが開いていないもの。切り口が変色していないものを選ぶ。
- 水で湿らせたキッチンペーパーに包み、ポリ袋に入れて冷蔵庫の野菜室に立てて保存。

※ゆでの栄養成分値

Chinese chive
にら

薬草として「古事記」や「万葉集」にも登場する香辛野菜。ギョーザの具やレバニラ炒め、卵とじなどの定番料理のほか、さっとゆでてお浸しや和え物にしても。「にら」を軟白栽培したものを「黄にら」、つぼみがついている花茎を「花にら」という。

Season	Spring	Summer	Autumn	Winter

- 肉厚で幅が広いもの。葉がピンと伸びてハリがあるものを選ぶ。
- 水で湿らせた新聞紙で包み、ポリ袋に入れて冷蔵庫の野菜室に立てて保存。

※ゆでの栄養成分値

Carrot
にんじん

栄養価の高い根菜。細長く甘味のある「金時にんじん」などの東洋系と、主に流通している「五寸にんじん」などの西洋系の品種がある。生食から加熱調理まで幅広く使われる。表皮のすぐ下にはカロテン、葉にはカルシウムやビタミンCが豊富なので捨てずに食べたい。

Season	Spring	Summer	Autumn	Winter

- 色鮮やかで表面にツヤがあり、ひげ根が少ないもの。葉を切り落としてあるものは、切り口が小さいものを選ぶ。
- 表面の水分を拭き取り、一本ずつ新聞紙で包む。ポリ袋に入れて冷蔵庫の野菜室に立てて保存。葉つきのものは根と切り分け、葉はその日のうちに食べきる。

※根、皮つき、生の栄養成分値

行者にんにく ≫ P192
にんにくの芽 ≫ P78

Nutrient
- カリウム 510mg
- 炭水化物 27.5g
- リン 160mg
- 食物繊維 6.2g
- B1 0.19mg
- B6 1.53mg
- 葉酸 93μg
- 銅 0.16mg
- C 12mg
- モリブデン 16μg

Garlic
にんにく

代表的な香辛野菜。薬味など、料理の引き立て役として欠かせない。切ったりつぶしたり、すりおろして使うと栄養価が高まる。ホイル焼きやしょう油漬け、味噌漬けなどにしても美味。胃腸の粘膜への刺激が強いため、食べ過ぎには注意が必要。

| Season | Spring | Summer | Autumn | Winter |

- 重みがあり、ふっくらと丸みがあるもの。外皮が白く、乾燥しているものを選ぶ。
- ネットなどに入れて、風通しの良い場所に。またはキッチンペーパーで包み、ポリ袋に入れて冷蔵庫の野菜室に保存。

※生の栄養成分値

ナ ＞ ＜ ノ

にんにく P190

Garlic shoots
にんにくの芽

中国野菜のひとつで、にんにくの花茎のこと。「茎にんにく」とも呼ばれる。「にんにく」に比べると匂いは弱く、シャキシャキした食感で甘味がある。油と相性が良く、肉や魚介類と一緒に炒め物にしたり、ゆでて和え物などにしても良い。

Season	Spring	Summer	Autumn	Winter

- 鮮やかな緑色で弾力があり、切り口が変色していないものを選ぶ。
- 新聞紙で包み、ポリ袋に入れて冷蔵庫の野菜室に保存。

※ゆでの栄養成分値

あさつき P14
リーキ P275
わけぎ P292

食物繊維 2.5g
葉酸 72μg
B6 0.12mg
Nutrient
C 14mg
モリブデン 2μg

Welsh onion

ねぎ

関東以北で栽培され白い部分を食べる「根深ねぎ」と、関西以南で栽培され緑の葉を食べる「葉ねぎ」に大別される。薬味など香味野菜に使われることが多いが、焼く、煮る、炒めるなど加熱することで甘くなる。「九条ねぎ」は「葉ねぎ」に分類される京都の伝統野菜。

| Season | Spring | Summer | Autumn | Winter |

- 緑色が鮮やかで、葉先までピンとしているもの。白い部分の太さが均一でまっすぐなものを選ぶ。
- 新聞紙に包んで冷暗所に。カットしたものは、ラップで包んでポリ袋に入れ、冷蔵庫の野菜室に立てて保存。

※根深ねぎ、葉、軟白、生の栄養成分値

Nozawana

野沢菜

「信州菜」とも呼ばれ、長野県で漬物用として栽培されてきた漬け菜。「広島菜」、「高菜」とともに日本三大漬け菜といわれる。成長した葉は固くなるが、若い間に収穫した葉は、お浸しや炒め物などにして食べられる。野沢菜漬けは、刻んで炒め物などにも利用できる。

Season	Spring	Summer	Autumn	Winter

- 葉が濃い緑色で肉厚なものを選ぶ。
- 水で湿らせた新聞紙で包み、ポリ袋に入れて冷蔵庫の野菜室に立てて保存。

※生の栄養成分値

Nutrient

Wild rocambole

のびる

古くから薬味として使われ、「ねぎ」、「にら」、「にんにく」、「らっきょう」とともに"五辛"と呼ばれていた香辛野菜。ねぎに似た味で辛味がある。球根部分を生のまま味噌やマヨネーズをつけて食べたり、茎も一緒にゆでて和え物に。また、天ぷらにしても良い。

| Season | Spring | Summer | Autumn | Winter |

- 葉は濃い緑色でみずみずしいもの。茎が真っ白で太いものを選ぶ。
- 新聞紙に包み、冷暗所に保存。

※生の栄養成分値

つつましい幸福、真実

［なすの花言葉］

Chapter. 6

ハ ——— ホ

Chinese cabbage

白菜

日本各地で栽培されている代表的な冬野菜。味にクセがなく、どんな材料とも合うため幅広い料理に使われる。漬け物や煮物、お浸し、和え物のほか、鍋物の具材には欠かせない。内側のやわらかな葉は、生のままサラダにして食べても良い。

Season	Spring	Summer	Autumn	Winter

- 葉がしっかりと巻いていて弾力があるもの。カットしたものは切り口が白く、断面が平らなものを選ぶ。
- 丸のものは新聞紙に包み、カットしたものはラップに包んで冷蔵庫の野菜室に立てて保存。

※生の栄養成分値

Coriander

パクチー

タイ料理によく使われる香味野菜。中国では「香菜」、英語で「コリアンダー」という。独特の強い香りが特徴。肉や魚料理の臭み消しとして使われるほか、スープや炒め物、刻んでサラダに入れても良い。トムヤムクンや生春巻き、フォーなどには欠かせない野菜。

Season	Spring	Summer	Autumn	Winter

- 葉の色が鮮やかで、みずみずしくハリがあるものを選ぶ。
- 水で湿らせたキッチンペーパーで根元を包み、保存袋に入れて冷蔵庫の野菜室に保存。

※日本食品標準成分表2015年版（七訂）に記載なし

Leaf burdock
葉ごぼう

若いごぼうの葉と茎、根を食用にするもの。主に関西で多く栽培され、「若ごぼう」とも呼ばれる。独特の風味があり、茎はシャキシャキした食感で葉はほろ苦い。アク抜きをした後に、煮物、炒め物、和え物、佃煮などにして食べる。

Season	Spring	Summer	Autumn	Winter

- 葉が鮮やかな緑色でみずみずしいもの。茎にハリがあり、根が太すぎないものを選ぶ。
- 葉・茎・根に切り分ける。それぞれを水で湿らせた新聞紙で包み、ポリ袋に入れて冷蔵庫の野菜室に保存。

※日本食品標準成分表2015年版（七訂）に記載なし

ハ 〉――〈 ホ

Sweet basil
バジル（スイートバジル）

西洋では"ハーブの王様"と呼ばれ、ピザやパスタには欠かせない。バジルをペースト状にしてつくる「ジェノベーゼソース」は肉や魚料理などに合う。また、イタリアでは求婚のシンボルでもあり、バジルの小枝を髪に挿して求婚する習慣があるほど馴染み深いハーブ。

| Season | Spring | Summer | Autumn | Winter |

- 葉の色が濃く、みずみずしくハリがあるものを選ぶ。
- 水を入れた容器にさして常温保存。または乾燥させて密閉容器に入れ、冷暗所で保存。

※生の栄養成分値

ハ 〉――〈 ホ

Spring onion
葉たまねぎ

たまねぎが大きくなり始めた時期に、葉つきのまま早採りしたもの。ゆでて和え物にしたり、煮物や炒め物にしても美味。たまねぎ部分は成長したものよりやわらかく、サラダやカレーなどにしても良い。葉の部分は長ねぎと同じような食べ方ができる。

Season	Spring	Summer	Autumn	Winter

- 葉が鮮やかな緑色のもの。たまねぎ部分が大きくなりすぎていないものを選ぶ。
- 葉とたまねぎ部分を切りはなし、それぞれポリ袋に入れて冷蔵庫の野菜室に保存。

※りん茎、葉、生の栄養成分値

イタリアンパセリ P30

Parsley
パセリ

栄養豊富な香味野菜。オランダから日本に伝わったため「オランダぜり」という和名がついた。料理の彩りにするほか、刻んでサラダやスープ、ドレッシング、ソースなどに使う。香り成分の「アピオール」は、口臭を消し、口の中をさっぱりさせる効果がある。

Season	Spring	Summer	Autumn	Winter

- 葉が濃い緑色で細かく縮れているものを選ぶ。茎がヘナヘナしているものや葉先が黄色くなったものは避ける。
- 水で湿らせたキッチンペーパーで切り口を包み、保存袋に入れて冷蔵庫の野菜室に立てて保存。

※生の栄養成分値

ハ ＞ ＜ ホ

Leaf chili pepper
葉とうがらし

とうがらしが若いうちに、葉つきのまま枝ごと収穫したもの。葉と実を一緒に使う。葉はとてもやわらかく、とうがらしの風味があり、ほんのりと苦味があるのが特徴。葉と実を摘み、さっと下ゆでし、アク抜きしてから調理する。煮物や佃煮、炒め物などにして食べる。

Season	Spring	Summer	Autumn	Winter

- 葉が鮮やかな緑色でみずみずしいもの。実が大きく育ちすぎていないものを選ぶ。
- 鮮度が落ちやすいため、買ってきたらすぐに下処理をして冷蔵庫に保存。

※葉、実、油いための栄養成分値

Paprika
パプリカ

ピーマンと同じとうがらし類の野菜。ビタミンC・Eやカロテンの含有量はピーマンより多く、赤、オレンジ、黄色など色とりどり。肉厚でみずみずしく甘味がある。生のままサラダやマリネにするほか、炒め物や煮込み料理、素焼き、揚げ物にも向く。

| Season | Spring | Summer | Autumn | Winter |

- 果肉にツヤ、ハリがあるもの。ヘタがピンとしているものを選ぶ。
- 数個ごとにキッチンペーパーで包み、ポリ袋に入れて冷蔵庫の野菜室に。カットしたものは種とワタを取り除き、ラップで包んで冷蔵庫の野菜室に保存。

※日本食品標準成分表2015年版(七訂)に記載なし

ハ 〉————〈 ホ

Beetroot

ビーツ (ビート)

ロシア料理の「ボルシチ」に欠かせない赤紫色の根菜。甘味があり、食感は「かぶ」に似ている。生でも食べられるが、一般的には皮つきのまま下ゆでしてから調理する。ゆでる際は酢を少々加えると色止めになる。スープや酢漬け、サラダ、葉の部分は炒め物にしても。

| Season | Spring | Summer | Autumn | Winter |

- 濃い赤色のもの。きれいな丸い形で表面が滑らかなものを選ぶ。泥つきのものの方が鮮度が良い。
- 葉と根は切り分ける。それぞれを新聞紙に包み、ポリ袋に入れて冷蔵庫の野菜室に保存。

※根、生の栄養成分値

Chickpea

ひよこ豆

くちばしのような突起があり、ひよこに似た形をしていることから名がついた。スペイン語の「garbanzo」を英語読みした「ガルバンゾー」、「栗豆」とも呼ばれる。ホクホクした食感が特徴で、サラダやカレー、煮込み料理、スープの実などに使われる。

| Season | Spring | Summer | Autumn | Winter |

- ツヤがあり、粒の大きさがそろっているものを選ぶ。
- 乾燥豆：密閉容器に入れて冷暗所に保存。

※ゆでの栄養成分値

Sweet pepper
ピーマン

辛味のないとうがらしの一種。フランスでは「ピマン」、英語では「スイートペッパー」と呼ばれる。緑のピーマンは未熟なもの。完熟すると青臭さが少なく、甘味が増して赤ピーマンになる。油と相性が良く、「チンヂャオロース」などの炒め物や揚げ物、肉詰めなどにすると美味。

Season	Spring	Summer	Autumn	Winter

- 肉厚で全体にハリとツヤがあるもの。ヘタがみずみずしいものを選ぶ。
- 数個ごとにキッチンペーパーで包み、ポリ袋に入れて冷蔵庫の野菜室に保存。カットしたものは種とヘタを取り除き、ラップで包んで野菜室に保存。

※青ピーマン、油いための栄養成分値

ハ ── ホ

Oyster mushroom
ひらたけ

世界中の山林に群生する食用きのこ。味や香りにクセがなく、さまざまな素材と合わせて使われる。鍋物や汁の実、バター焼き、天ぷら、きのこご飯などに。水分が多いので、炒めるときは強火で一気に火を通すと水っぽくならない。

| Season | Spring | Summer | Autumn | Winter |

- カサにハリがあり肉厚なもの。軸がしっかりしているものを選ぶ。
- キッチンペーパーで包み、ポリ袋に入れて冷蔵庫の野菜室に保存。

※ゆでの栄養成分値

Fennel

フェンネル（フローレンスフェンネル）

"魚のハーブ"とも呼ばれ、魚料理に欠かせない。葉、茎、根、種（フェンネルシード）、それぞれが食用になる。甘味のある香りが特徴。ヨーロッパで古くから薬草として知られていた葉と種は、魚料理のソースやマリネなどに。茎と根はサラダやスープなどにする。

Season	Spring	Summer	Autumn	Winter

- 葉が濃い緑色で、葉先までみずみずしいもの。根が十分ふくらんでいるものを選ぶ。
- 葉と根を切り分ける。葉は水で湿らせたキッチンペーパーで切り口を包み、保存袋に入れて冷蔵庫の野菜室に。株はポリ袋に入れて冷蔵庫に保存。

※日本食品標準成分表2015年版（七訂）に記載なし

Giant butterbur
ふき

日本原産の野菜。代表品種は「愛知早生ふき」で、丈は1メートル以上にもなる。香り高く、ほろ苦い味が特徴。葉柄(茎)は板ずりし、下ゆでしてから皮をむく。煮物やお浸し、炒め物などにする。葉はさっとゆでて佃煮などに使うと良い。

Season	Spring	Summer	Autumn	Winter

- 葉が濃い緑色のもの。茎がまっすぐで太すぎず、均一なものを選ぶ。
- すぐに変色するため、下ゆでしてから水をはった密閉容器に入れて冷蔵庫に保存。

※葉柄、ゆでの栄養成分値

ふき P224

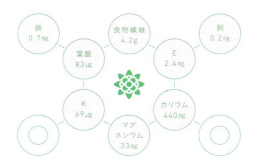

Butterbur scape
ふきのとう

「ふき」の花のつぼみのこと。特有の香りと苦味を楽しむ山菜。天ぷらにしたり、ゆでてお浸しや和え物、炒め物などにする。下ゆでしたふきのとうを刻んで油で炒め、味噌・酒・砂糖などと合わせた「ふき味噌」は、東北地方の郷土料理で「ばっけ味噌」と呼ばれる。

Season	Spring	Summer	Autumn	Winter

- 鮮やかな緑色で、つぼみが開ききっていないものを選ぶ。小さめのものの方が苦味は少ない。
- 水で湿らせたキッチンペーパーで包み、ポリ袋に入れて冷蔵庫の野菜室に保存。

※ゆでの栄養成分値

Broccoli

ブロッコリー

「ケール」が原種といわれる。一般的には下ゆでしてからサラダや炒め物などにする。つぼみの中のゴミが気になる場合は、塩水に10分ほど浸してから振り洗いすると良い。「スティックセニョール」は、中国野菜の「カイラン」と「ブロッコリー」をかけ合わせた野菜。

Season	Spring	Summer	Autumn	Winter

- 濃緑色でつぼみが固く締まり、切り口がみずみずしいものを選ぶ。
- ラップに包んで冷蔵庫の野菜室に立てて保存。

※ゆでの栄養成分値
※2026年度から指定野菜（野菜生産出荷安定法に基づいて国が指定する、国民生活にとって重要な野菜）。キャベツや大根、トマトなどの14品目に、約半世紀ぶりにブロッコリーが追加となる。

Broccoli sprout
ブロッコリースプラウト

ブロッコリーの種子を発芽させたスプラウトのひとつ。「ブロッコリー・スーパースプラウト」は発芽後3日ほどで収穫されたもの。がん予防の効果が高いとされる「スルフォラファン」の含有量が多い。生でサラダ、炒め物やスープの実などにする。

Season	Spring	Summer	Autumn	Winter

- 葉が濃い緑色で、茎にハリがあるものを選ぶ。
- パックのまま冷蔵庫に保存。小分けにして使う際は、根元を切り落とさないこと。

※生の栄養成分値

賀茂なす ▽ P182
なす ▽ P66

- 食物繊維 2.4g
- 葉酸 19μg
- カリウム 220mg
- 銅 0.08mg
- K 9μg
- パントテン酸 0.3mg

Eggplant black beauty

米なす

西洋なすの一種。アメリカの「ブラックビューティー」という品種を改良したもの。大型で丸い形、日本のなすとは違いヘタが緑色をしているのが特徴。種が少なく肉質が詰まっているため煮崩れしにくく、焼き物や煮物、炒め物、田楽などに向いている。

| Season | Spring | Summer | Autumn | Winter |

- ハリとツヤがあり、ヘタの緑色が鮮やかなものを選ぶ。
- ひとつずつラップに包み、冷蔵庫の野菜室に保存。冷やしすぎると低温障害を起こして傷みやすいので注意する。

※生の栄養成分値

ハ 〉―――〈 ホ

Sponge cucumber

へちま

沖縄では「ナーベラー」、鹿児島では「いとうり」と呼ばれる夏野菜。食用にするのは完熟前の若い実。水分が多く淡白な味で、煮物、炒め物、汁の実などに使われる。茎からとった"へちま水"は飲み薬や化粧水に、繊維は"たわし"として利用される。

| Season | Spring | Summer | Autumn | Winter |

- 皮がきれいな緑色で、ハリがあるものを選ぶ。
- 新聞紙に包み、ポリ袋に入れて冷蔵庫の野菜室に保存。

※ゆでの栄養成分値

Nutrient

- カルシウム 110mg
- B6 0.23mg
- 食物繊維 8.2g
- ビオチン 5.5μg
- マグネシウム 65mg
- 葉酸 99μg
- C 73mg
- 鉄 1mg
- カリウム 510mg
- 亜鉛 2.3mg

Horseradish

ホースラディッシュ

ヨーロッパ原産のわさび。「西洋わさび」、「レフォール」、「わさび大根」とも呼ばれる。鼻に抜ける辛味と香りがあり、すりおろしたものはローストビーフの薬味として欠かせない。マヨネーズやオリーブオイルと混ぜて、サラダやドレッシングとして使っても良い。

| Season | Spring | Summer | Autumn | Winter |

- 色が白く、表面がゴツゴツしているものを選ぶ。土つきのものの方が日持ちする。
- 新聞紙で包み、ポリ袋に入れて冷蔵庫に保存。

※根、茎、生の栄養成分値

Spinach
ほうれんそう

代表的な緑黄色野菜で、ビタミン・ミネラルなどを豊富に含む。アクが強いため、下ゆでしてから調理する。根元の赤い部分は骨の成長に欠かせない「マンガン」が含まれるので残さずに食べたい。生食用に改良されたものは「サラダほうれんそう」として流通している。

Season	Spring	Summer	Autumn	Winter

- 葉が肉厚で茎がしっかりしているもの。根元の赤みが強いものを選ぶ。
- 水で湿らせた新聞紙で包み、ポリ袋に入れて冷蔵庫の野菜室に立てて保存。

※ゆでの栄養成分値

White asparagus
ホワイトアスパラガス

「アスパラガス」を軟白栽培したもの。甘みとほろ苦さが味の特徴。かたい皮をむいてから調理する。ゆでるときは、湯に塩とレモン汁、むいた皮を加えると風味よくきれいな色に仕上がる。日光を浴びていない分、「グリーンアスパラガス」より栄養価はやや落ちる。

Season	Spring	Summer	Autumn	Winter

- 茎が太くハリがあり、切り口がみずみずしいものを選ぶ。
- ラップで包み、冷蔵庫の野菜室に立てて保存。

※日本食品標準成分表2015年版（七訂）に記載なし

公平

［ふきの花言葉］

Chapter. 7

マ ＞――＜ モ

Maitake mushroom
まいたけ

クリなどの木の根元に生える食用きのこ。天然物は希少で、一説には"山で見つけると舞い踊りたくなるほど嬉しい"ことから「まいたけ」と呼ばれるようになったという。バター炒めや天ぷら、炊き込みご飯など広く利用できる。きりたんぽ鍋には欠かせない食材。

Season	Spring	Summer	Autumn	Winter

- 肉厚で色が濃く、カサが密集しているものを選ぶ。
- キッチンペーパーで包み、ポリ袋に入れて冷蔵庫の野菜室に保存。

※ゆでの栄養成分値

Mushroom
マッシュルーム

フランス名は「シャンピニオン」。シチューなどの煮込み料理や炒め物のほか、生のままサラダにしても良い。傷がつくとすぐに変色するため、切ったらレモン汁を振りかけておく。カサが茶色い「ブラウンマッシュルーム」は、ホワイト種に比べて味や香りが強い。

Season	Spring	Summer	Autumn	Winter

- 軸が太く、カサが開きすぎていないもの。切り口が変色していないものを選ぶ。
- 数個ずつキッチンペーパーで包み、ポリ袋に入れて冷蔵庫の野菜室に保存。

※ゆでの栄養成分値

マ ＞――＜ モ

Nutrient

Matsutake mushroom
まつたけ

アカマツなどの林に自生するきのこ。人工栽培が難しく、希少価値が高い。"香りまつたけ、味しめじ"といわれるように、香りが最大の魅力。まつたけご飯や土瓶蒸し、焼きまつたけなどにすると美味。香りを生かすためには、加熱しすぎないことが大切。

Season	Spring	Summer	Autumn	Winter

- カサが開ききっていないもの。軸が太く、弾力のあるものを選ぶ。
- 石づきを削り取り、水でさっと洗う。水気をふき取り、キッチンペーパーで一本ずつ包み、さらにラップに包んで冷蔵庫に保存。

※生の栄養成分値

マ 〉―――〈 モ

Potherb mustard

水菜

京都が原産で、「京菜」、「柊菜(ひいらぎな)」、「千本菜」ともいう。クセのない味でシャキシャキした食感は、生のままサラダや漬け物にすると美味。また煮物や和え物、炒め物、鍋の具材にも良い。鯨肉と水菜(京菜)をだしで煮る「はりはり鍋」は関西地方の郷土料理。

| Season | Spring | Summer | Autumn | Winter |

- 葉先がピンとしてハリがあるもの。茎が細く白いものを選ぶ。
- 水で湿らせた新聞紙で包み、ポリ袋に入れて冷蔵庫の野菜室に立てて保存。

※生の栄養成分値

マ 〉———〈 モ

Japanese honeywort
みつば

日本原産の香草。栽培方法の違いによって「切りみつば」、「根みつば」、周年出回る「糸みつば」に分けられる。生でサラダにしたり、茶わん蒸しや汁の実、お浸し、卵とじ、かき揚げなど広く利用される。「根みつば」の根は、炒め物やかき揚げにすると良い。

Season	Spring	Summer	Autumn	Winter

- 葉が濃い緑色で、葉先までみずみずしいものを選ぶ。
- 水で湿らせたキッチンペーパーで根元を包み、保存袋に入れて冷蔵庫の野菜室に立てて保存。

※糸みつば、生の栄養成分値
※旬：切りみつば＝冬／根みつば＝春

Cherry tomato
ミニトマト

トマトの小型品種。さまざまなサイズがあり、大玉のほか中玉の「ミディトマト」、ひと口大の「ミニトマト」、極小サイズの「マイクロトマト」がある。ミニトマトは大玉に比べて甘味が強いものが多く、カロテン、ビタミンC、カリウムなどが豊富に含まれる。

Season	Spring	Summer	Autumn	Winter

- 色が濃くツヤがあり、ヘタが変色していないものを選ぶ。
- ポリ袋に入れ、冷蔵庫の野菜室に保存。

※生の栄養成分値

Japanese ginger
みょうが

香味野菜のひとつで、食用にするのは日本のみといわれる。開花前のつぼみを「花みょうが」、軟白栽培した若い茎を「みょうがたけ」という。爽やかな香りと辛味がある。切ってから水にさらすとアクが抜けて食べやすくなる。薬味や酢の物、丸のまま天ぷらにしても良い。

Season	Spring	Summer	Autumn	Winter

- ふっくらとしてツヤがあり、全体が締まっているものを選ぶ。
- 水で湿らせたキッチンペーパーで包み、ポリ袋に入れて冷蔵庫の野菜室に保存。

※生の栄養成分値

Mint

ミント(薄荷)

スーッとする爽やかな香りが特徴で、甘い香りがする「スペアミント」と、より香りが強い「ペパーミント」に大別される。生のままデザートに添えたり、ハーブティー、サラダなどに用いる。香りの主成分である「メントール」には、消化促進や殺菌など多くの効果がある。

Season	Spring	Summer	Autumn	Winter

- 葉がきれいな緑色でハリがあり、みずみずしいものを選ぶ。
- 水で湿らせたキッチンペーパーで切り口を包み、保存袋に入れて冷蔵庫の野菜室に立てて保存。

※日本食品標準成分表2015年版(七訂)に記載なし

Purple sweet potato
紫いも

肉色が紫色のさつまいもで、「パープルスイートロード」、「こがねむらさき」など多くの品種がある。きれいな色を活かしてスイートポテトやタルトなどのお菓子に使われることが多い。紫色はポリフェノールの一種、「アントシアニン」で抗酸化作用がある。

Season	Spring	Summer	Autumn	Winter

- 皮に傷がなく、表面がなめらかでツヤのあるものを選ぶ。
- 一本ずつ新聞紙に包んで冷暗所に保存。カットしたものはラップに包んで冷蔵庫に保存。冷やしすぎると低温障害を起こして傷みやすくなるので注意する。

※皮むき・蒸しの栄養成分値

マ 〉———〈 モ

Red cabbage

紫キャベツ

赤(レッド)キャベツとも呼ばれる。紫色は「アントシアニン」という抗酸化作用があるポリフェノールの一種。一般的なキャベツよりも葉が硬く、しっかりとした歯ごたえがある。加熱すると色素が溶け出してしまうので、サラダやピクルスなどの生食に向いている。

Season	Spring	Summer	Autumn	Winter

- 色鮮やかで葉がみっちり詰まっているものを選ぶ。
- 芯をくり抜き、水で湿らせたキッチンペーパーを詰め、ポリ袋に入れて冷蔵庫の野菜室に。カットしたものはラップに包んで野菜室に保存。

※生の栄養成分値

Brussels sprouts

芽キャベツ

キャベツの変種。一株に50個ほどの実をつける。栄養価が高く、食物繊維の含有量は一般的なキャベツの約3倍に相当する。葉が硬く少し苦味があるのでシチューや温野菜などの加熱調理に向く。ゆでるときは、茎に十字の切込みを入れて塩を加えた熱湯で。

Season	Spring	Summer	Autumn	Winter

- 緑色が濃く、傷がないもの。直径3センチほどで巻きが締まっているものを選ぶ。黄色みを帯びたものは鮮度が落ちているので避ける。
- 水で湿らせたキッチンペーパーで包み、ポリ袋に入れて冷蔵庫の野菜室に保存。

※ゆでの栄養成分値

Variety of wild mustard
みぶな

京の伝統野菜のひとつで「水菜」の変種。「水菜」の葉がギザギザしているのに対して、「みぶな」の葉は丸く、食べるとピリッとした辛味がある。生のままサラダや漬け物、さっとゆでてお浸しや和え物、炒め物、鍋物の具材などにしても良い。

Season	Spring	Summer	Autumn	Winter

- 葉が濃い緑色でハリがあり、みずみずしいものを選ぶ。
- 水で湿らせた新聞紙で包み、ポリ袋に入れて冷蔵庫の野菜室に立てて保存。

※生の栄養成分値

Bean sprouts

もやし

豆類の種子を発芽させたもので、スプラウトのひとつ。「緑豆」、「ブラックマッペ」、「大豆」を原料にしたものがある。下ゆでしてお浸しやナムルなどの和え物や炒め物、汁の実、鍋の具材などにする。ひげ根と豆の皮を取り除くと口当たりが良くなる。

Season	Spring	Summer	Autumn	Winter

- 色が白く、ひげ根に透明感のあるもの。大豆もやしは、豆が閉じているものを選ぶ。
- 袋のまま冷蔵庫に保存。日持ちしないので、その日のうちに食べきる。

※緑豆もやし、ゆでの栄養成分値

Nalta jute

モロヘイヤ

アラビア語で"王家の野菜"の意。栄養価が高く、エジプトではモロヘイヤのスープで王の重病が治ったともいわれる。葉とやわらかい茎を食用にし、下ゆでしてお浸しや汁の実、天ぷらにも。成熟した種子には毒性があるため、自家栽培品の取り扱いには十分な注意が必要。

Season	Spring	Summer	Autumn	Winter

- 葉が5センチほどの大きさで、緑色が濃いもの。茎がみずみずしく弾力のあるものを選ぶ。
- 鮮度が落ちると葉が固くなるため、新鮮なうちにさっとゆでて冷蔵庫に保存。

※茎葉、ゆでの栄養成分値

マ 〉———〈 モ

美徳、貞淑

［ミントの花言葉］

Chapter. 8

ヤ ───── ワ

Yacon

ヤーコン

南米のアンデス地方原産の根菜。「さつまいも」に似ているが味や食感は異なり、甘味があり梨のようにシャキシャキした食感が特徴。空気に触れると変色するため、皮をむいて切ったら水にさらす。生のままサラダや和え物、煮物、炒め物、揚げ物などにすると良い。

Season	Spring	Summer	Autumn	Winter

- 全体がふっくらして傷がないもの。重みがあるものを選ぶ。
- 新聞紙に包んで冷暗所に保存。

※生の栄養成分値

Yamato yam

大和芋

日本原産のヤマノイモで、関東地方では「大和芋」と呼ばれるが、いちょうの形をしていることから「いちょう芋」とも呼ばれる。形は棒状のものもあり、さまざま。「長いも」より粘りが強く、アクも少ない。すりおろして、とろろにして食べるのに最適。

Season	Spring	Summer	Autumn	Winter

- 全体に傷がなく、ハリがあるもの。カットされたものは、切り口が白くみずみずしいものを選ぶ。
- 新聞紙で包み、ポリ袋に入れて冷蔵庫の野菜室に。カットしたものはラップで包んで冷蔵庫に保存。

※生の栄養成分値

かぼす ▼ P68
すだち ▼ P136

Yuzu

ゆず

高知県特産の柑橘類。一般的に流通するのは黄色く熟した「黄ゆず」と、夏に出回る未熟果の「青ゆず」。爽やかな香りで、酸味が強い。果皮は刻んだりすったりして料理の薬味に、果汁は焼き魚、鍋物、ドレッシングなどに合わせると美味。青ゆずはゆずこしょうにも。

| Season | Spring | Summer | Autumn | Winter |

- 実にハリがあり、ヘタの切り口が緑色のものを選ぶ。
- ひとつずつラップで包み、ポリ袋に入れて冷蔵庫の野菜室に保存。

※果汁、生の栄養成分値
※旬：黄ゆず＝冬／青ゆず＝夏

Lily bulb
ゆり根

食用種のゆりの球根のこと。ホクホクした食感で、甘味とほろ苦さがある。一般的には鱗片を一枚ずつはがし、加熱調理して食べる。茶わん蒸しなどの蒸し物、和え物、煮物、揚げ物などにすると美味。下ゆでしてから裏ごしし、きんとんなどにしても良い。

Season	Spring	Summer	Autumn	Winter

- 重みがあり、鱗片が大きいもの。全体に色が白く、実が締まっているものを選ぶ。
- おがくずの中に詰まっているものはそのまま、またはラップに包んで冷蔵庫の野菜室に保存。

※ゆでの栄養成分値

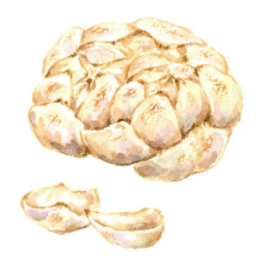

Japanese mugwort
よもぎ

全国に自生する植物で、古くから世界各地で薬草として使われてきた。草もちに用いることから「もち草」とも呼ばれる。食用にするのは春先の若い新芽。アクがあるため下ゆでしてから調理する。お浸しや和え物、炒め物のほか、生のまま天ぷらにしても良い。

Season	Spring	Summer	Autumn	Winter

- 葉が淡い緑色で、みずみずしいものを選ぶ。色が濃いものや赤みをおびているものはアクが強いので避ける。
- ポリ袋に入れて冷蔵庫の野菜室に保存。

※ゆでの栄養成分値

Lime

ライム

柑橘類の一種。果皮が緑色で、ほどよい酸味と爽やかな香りが特徴。主に流通するのは輸入物の「メキシカンライム」。レモンと同じように料理のつけ合わせにしたり、果汁をサラダやカルパッチョ、カクテルやシャーベットなどに利用する。

Season	Spring	Summer	Autumn	Winter

- 果皮が濃い緑色で重みがあるもの。表面が滑らかでハリとツヤのあるものを選ぶ。
- ひとつずつラップで包み、ポリ袋に入れて冷蔵庫の野菜室に保存。

※果汁、生の栄養成分値

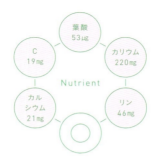

Nutrient
- 葉酸 53μg
- カリウム 220mg
- リン 46mg
- カルシウム 21mg
- C 19mg

Radish

ラディッシュ

大根の一種で根と葉を食用にする。種をまいて二十日ほどで収穫できることから「二十日大根(はつかだいこん)」ともいう。品種が多く、色も形もさまざま。生のままサラダや漬け物、炒め物などにしても良い。フランスでは、生のラディッシュにバターと塩をつけて食べるのが一般的。

| Season | Spring | Summer | Autumn | Winter |

- 実がふっくらしてハリがあるもの。葉がみずみずしいものを選ぶ。
- 葉がついていると水分が奪われるため、葉と根は切り分けて、それぞれポリ袋に入れ冷蔵庫の野菜室に保存。

※根、生の栄養成分値

Japanese shallot
らっきょう

中国原産の植物で、地下茎を食用にする。主に甘酢漬け、しょう油漬けなどに用いる。生のまま刻んで味噌やしょう油をかけて食べても良い。炒め物や天ぷらなどにしても美味。らっきょうを軟白栽培して若採りしたものは「エシャレット」。

Season	Spring	Summer	Autumn	Winter

- 大粒で根元がふっくらと丸みを帯びているもの。全体に傷がないものを選ぶ。
- 新聞紙に包み、ポリ袋に入れて冷蔵庫の野菜室に保存。日持ちしないため、翌日には下処理する。

※生の栄養成分値

Leek

リーキ

ねぎの一種。「ポロねぎ」、「西洋ねぎ」とも呼び、フランスでは「ポワロー」という。白く太い茎の部分を食用にする。加熱すると甘味が増し、ゆでてサラダやマリネにすると美味。煮崩れしにくいため煮込み料理やグラタン、スープにしても良い。

Season	Spring	Summer	Autumn	Winter

- 厚みがあり、巻きがしっかりしているもの。ハリとツヤがあるものを選ぶ。
- 新聞紙に包み、冷暗所または冷蔵庫の野菜室に立てて保存。

※ゆでの栄養成分値

Rhubarb

ルバーブ

シベリア南部原産の野菜で、茎を食用にする。「ふき」に似た見た目で、赤や緑色のものがある。しっかりした酸味と香りが特徴。ヨーロッパでは古くからジャムやお菓子づくりに使われている。アクが強いため、生食にはあまり向かない。

Season	Spring	Summer	Autumn	Winter

- 全体にハリとツヤがあり、みずみずしいもの。切り口が変色していないものを選ぶ。
- 新聞紙で包み、冷蔵庫の野菜室に。または適当な長さに切り、保存袋に入れて冷凍保存。

※葉柄、生の栄養成分値

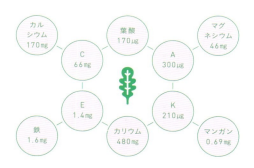

Rocket

ルッコラ

ハーブの一種。「ロケット」ともいう。「ごま」に似た香ばしい香りと、ほのかな辛味が特徴。生のままサラダや料理のつけ合わせ、さっとゆでてお浸しや和え物、炒め物にしても良い。イタリア料理に多く使われ、焼き上げたピザにちらしたりパスタに加えても美味。

Season	Spring	Summer	Autumn	Winter

- 鮮やかな緑色でハリがあり、みずみずしいものを選ぶ。
- 水で湿らせたキッチンペーパーで包み、ポリ袋に入れて野菜室に立てて保存。

※生の栄養成分値

エンダイブ ≫ P46
サニーレタス ≫ P108
サラダ菜 ≫ P114
サンチュ ≫ P115
ロメインレタス ≫ P290

Lettuce

レタス

結球する「玉レタス」、結球しない「サニーレタス」や「エンダイブ」などの総称。日本では「ちしゃ」とも呼ばれる。サラダや炒め物、スープ、チャーハンなどに入れても。サラダにする際、包丁で切ると切り口が酸化して変色するため、手でちぎると良い。

Season	Spring	Summer	Autumn	Winter

- 葉の色が濃く、ハリとツヤがあるもの。切り口が10円玉ほどの大きさで見た目より軽いものを選ぶ。
- 水で湿らせたキッチンペーパーで根元を包み、ポリ袋に入れて冷蔵庫の野菜室に立てて保存。

※土耕栽培、生の栄養成分値

Lemon
レモン

ビタミンCが豊富で美容効果の高い柑橘類。強い酸味と爽やかな香りが特徴。果汁をドレッシングやマリネに入れたり、ケーキやゼリー、ドリンク類にも広く使われる。また、「りんご」などの変色を防ぐ役割もある。未熟果の「グリーンレモン」も流通している。

Season	Spring	Summer	Autumn	Winter

- ヘタが枯れていないもの。皮にハリとツヤがあるものを選ぶ。
- ひとつずつラップで包み、ポリ袋に入れて冷蔵庫の野菜室に保存。

※全果、生の栄養成分値
※旬：国産レモン

Lemongrass
レモングラス

イネ科のハーブ。見た目はイネのようで、香りはレモンに似ている。東南アジアではカレーなどの煮込み料理や「トムヤムクン」などスープの香りづけに使われ、エスニック料理には欠かせない。葉はハーブティーとしても利用され、茎は刻んで炒め物の風味づけにもなる。

Season	Spring	Summer	Autumn	Winter

- 葉はみずみずしく、茎は切り口が変色していないものを選ぶ。
- 水で湿らせたキッチンペーパーで切り口を包み、保存袋に入れて冷蔵庫の野菜室に立てて保存。

※日本食品標準成分表2015年版（七訂）に記載なし

Lemon balm
レモンバーム

シソ科のハーブ。ミントに似た葉の形と、レモンのような香りが特徴。別名「メリッサ」、和名は「香水薄荷(こうすいはっか)」。ハーブティーに利用するほか、デザートの香りづけ、ワインやビール、スープに浮かべて香りを楽しむ。刻んだ葉をサラダやマヨネーズなどに加えても良い。

Season	Spring	Summer	Autumn	Winter

- 葉がきれいな緑色でハリがあり、みずみずしいものを選ぶ。
- 水で湿らせたキッチンペーパーで切り口を包み、保存袋に入れて冷蔵庫の野菜室に立てて保存。

※日本食品標準成分表2015年版(七訂)に記載なし

Lotus root

れんこん

蓮の地下茎のこと。穴があいていることから"見通しが良い"という意味合いで、おせち料理に使われる。新鮮なものは生食できるが、鮮度が落ちやすいため、一般的には煮物や炒め物など加熱調理する。黒ずみを防ぎ、アクを抜くため、切ったらすぐに酢水につけると良い。

Season	Spring	Summer	Autumn	Winter

- 丸みがあって肉厚なもの。切り口や穴に変色がないものを選ぶ。
- 泥つきのものは水で湿らせた新聞紙で包み、ポリ袋に入れて冷蔵庫の野菜室に。カットしたものはラップで包み、ポリ袋に入れて野菜室に保存。

※ゆでの栄養成分値

Lentil

レンズ豆

日本では「ひら豆」ともいう。収穫地によって緑色や褐色のものがあり、主にカレーやスープなどの煮込み料理に使われる。また、平たい形が硬貨に似ていることから、イタリアでは金運を願って大晦日の夜にレンズ豆のスープを食べる習慣がある。

| Season | Spring | Summer | Autumn | Winter |

- 緑色がかっていて表面にツヤがあり、粒の大きさがそろっているものを選ぶ。
- 乾燥豆：密閉容器に入れて冷暗所に保存。

※ゆでの栄養成分値

Rosemary
ローズマリー

シソ科のハーブ。地中海沿岸の海辺に自生し、ラテン語で"海の雫"を意味する「Rosemarinus(ローズマリナス)」という学名がついたといわれる。肉料理の臭み消しに効果があり、とくに羊肉の料理に合う。ポリフェノールが豊富で"若返りのハーブ"とも呼ばれる。

Season	Spring	Summer	Autumn	Winter

- 葉が肉厚でしっかりつき、全体にハリがあるものを選ぶ。
- 水で湿らせたキッチンペーパーで切り口を包み、保存袋に入れて冷蔵庫の野菜室に立てて保存。

※日本食品標準成分表2015年版(七訂)に記載なし

Romanesco broccoli
ロマネスコ

イタリア原産の野菜で、カリフラワーの一種。きれいな黄緑色と花蕾(からい)がゴツゴツとがっているのが特徴。その見た目から"サンゴ礁"とも呼ばれる。食べ方はカリフラワーやブロッコリーと同じ。ゆでてサラダやピクルス、炒め物などにすると良い。

Season	Spring	Summer	Autumn	Winter

- ずっしりと重みがあり、つぼみが密集して詰まっているものを選ぶ。
- ラップに包んで冷蔵庫の野菜室に立てて保存。

※日本食品標準成分表2015年版(七訂)に記載なし

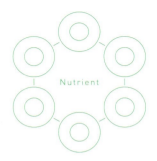

Laurel
ローレル

月桂樹の葉で「ベイリーフ」ともいう。主にドライハーブとして流通している。煮込み料理の風味づけや、肉や魚の臭み消しに効果的。防腐作用があるためピクルスやマリネなどの保存食や、香味野菜を束にした「ブーケガルニ」として煮込み料理にも使われる。

Season	Spring	Summer	Autumn	Winter

📦 乾燥したもの：密閉容器に入れて冷暗所に保存。

※日本食品標準成分表2015年版（七訂）に記載なし

レタス ▼ P279

Romaine lettuce
ロメインレタス

エーゲ海のコス島原産のレタスで、「コスレタス」ともいう。ほのかな甘味と苦味があり、シーザーサラダなどによく使われる。一般的なレタスより葉に厚みがあり、歯ごたえが良い。さっとゆでてお浸しにしたり、炒め物など加熱調理にも向く。

Season	Spring	Summer	Autumn	Winter

- 葉にハリがあり、切り口が小さめで変色していないものを選ぶ。
- 水で湿らせたキッチンペーパーで根元を包み、ポリ袋に入れて冷蔵庫の野菜室に立てて保存。

※生の栄養成分値

Wasabi greens

わさび菜

「からし菜」を選抜して育成したもの。「愛彩菜（あいさいな）」とも呼ぶ。わさびに似た辛味が特徴で、ギザギザした葉はやわらかく食感が良い。生のままサラダやサンドイッチの具材などにするほか、さっとゆでてお浸しや和え物、炒め物などにしても良い。

Season	Spring	Summer	Autumn	Winter

- 鮮やかな黄緑色で、葉先までみずみずしいものを選ぶ。
- 水で湿らせた新聞紙に包み、冷蔵庫の野菜室に立てて保存。

※日本食品標準成分表2015年版（七訂）に記載なし

ねぎ P194
あさつき P14

Cibol

わけぎ

長ねぎとたまねぎの雑種で、西日本を中心に栽培されている。球根の株別れによって増えることから「分葱(わけぎ)」の名がついた。長ねぎよりも香りがおだやかで辛味が少ない。刻んで薬味にするだけでなく、さっとゆでてお浸しや酢味噌和えにすると美味。

Season	Spring	Summer	Autumn	Winter

- 葉が鮮やかな緑色のもの。全体にハリがあり、変色がないものを選ぶ。
- 新聞紙で包み、冷蔵庫の野菜室に立てて保存。

※葉、生の栄養成分値

Wasabi

わさび

日本原産の香辛野菜。ツンと鼻に抜ける辛味成分には殺菌・抗菌作用があり、刺身や寿司などの魚の生臭さを消し、食中毒を防ぐ役割がある。おろすときは茎の方から。ゆっくり「の」の字を書くようにすると香り、辛味ともに強くなる。

Season	Spring	Summer	Autumn	Winter

- 茎が均一に太く、みずみずしいものを選ぶ。
- 水で湿らせたキッチンペーパーに包み、ポリ袋に入れて冷蔵庫に保存。

※根茎、生の栄養成分値

こごみ ≫ P94
ぜんまい ≫ P145

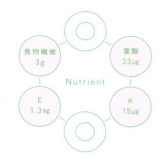

食物繊維 3g
葉酸 33μg
Nutrient
E 1.3mg
K 15μg

Bracken
わらび

シダ類の一種で、全国に自生する山菜。アクが強く、木炭や重曹を使って念入りにアク抜きしたものを調理する。さっとゆでてお浸しや和え物、煮物などに利用する。根茎からとれるでんぷんは、わらび餅に使われる「わらび粉」。

| Season | Spring | Summer | Autumn | Winter |

- 産毛がびっしりとつき、芽がよく巻いているもの。茎が緑色で太く短いものを選ぶ。
- アク抜き後、水をはった保存容器に入れて冷蔵庫に保存。3日ほどで食べきる。

※ゆでの栄養成分値

ヤ ＞―――＜ ワ

Other information
その他の情報

300
各栄養素のはたらきと食事摂取基準

* 各栄養素の数値は、「日本人の食事摂取基準(2015年版)」(厚生労働省)をもとに作成しています。なお、野菜にはほとんど含まれないビタミンB12(水溶性ビタミン)とヨウ素(ミネラル)についての説明は、本書では省略しています。
* 「主な野菜」には、本書に掲載した豆類も含みます。
* 栄養素の中には摂取上限量が設定されているものもあります。サプリメントなどを摂取する場合は確認することをおすすめします。

310
からだを癒す野菜

* 症状別に食べたい野菜を中心に紹介しています。
* 本ページでは、民間療法(古くから暮らしの中で伝承されてきた方法)の一例も紹介していますが、その効果を保証するものではありません。

314
ベジブロス

* 野菜からとった出汁のことをベジブロスといいます。野菜を無駄なく使い、健康的で美味しいベジブロスのつくり方を紹介しています。

1. たんぱく質 [三大栄養素 ※1]

- 推奨量：右表 [g/日]
- 付加量：妊娠中期＋10g、後期＋25g、授乳婦＋20g

年齢	18-69
男性	60
女性	50

主な働き　　内臓や筋肉、血液、骨、皮膚など体の組織をつくる／体の機能調整のサポート／1g＝4kcalのエネルギー源になる

不足すると　体力・免疫力の低下／子どもの成長障害／抜け毛

摂り過ぎると　腎臓に負担がかかる／骨粗しょう症のリスクが高くなる

主な野菜　　大豆、枝豆、レンズ豆、そら豆、いんげん豆、えんどう豆

2. 脂質 [三大栄養素]

- 目標量：右表 [%エネルギー] ◎1日に必要なエネルギーの20〜30％を脂質から摂取するのが目標。

年齢	18-69
男性・女性	20-30

主な働き　　細胞膜の成分になる／1g＝9kcalのエネルギー源になる

不足すると　体力低下／皮膚炎／子どもの成長障害／血管がもろくなる

摂り過ぎると　中性脂肪や悪玉コレステロールが増える／動脈硬化

主な野菜　　アボカド、オリーブ（黒、塩漬）、大豆、ごま、エゴマ

3. 炭水化物 ※2 [三大栄養素]

- 目標量：右表 [%エネルギー] ◎1日に必要なエネルギーの50〜65％を炭水化物から摂取するのが目標。

年齢	18-69
男性・女性	50-65

主な働き　　脳のエネルギー源になる／1g＝4kcalのエネルギー源になる

不足すると　筋肉量の減少／体力・脳の働きの低下／便秘／全身倦怠感

摂り過ぎると　肥満／糖尿病

主な野菜　　銀杏、さつまいも、紫いも、らっきょう、ゆり根、にんにく

〈 各栄養素のはたらきと食事摂取基準 〉

4. 食物繊維

- 目標量：右表 [g/日]

年齢	18-69
男性	20以上
女性	18以上

主な働き　不溶性食物繊維＝腸内環境を改善し、便秘・大腸がんを予防する。
　　　　　水溶性食物繊維＝血糖値の上昇を抑制し、コレステロールを排泄する。
　　　　　※不溶性食物繊維と水溶性食物繊維は、2：1のバランスで摂取すると良い。
不足すると　便秘／肌荒れ／肥満・糖尿病などの生活習慣病のリスク増
摂り過ぎると　下痢／ミネラル不足
主な野菜　水溶性食物繊維＝らっきょう、エシャレット、アーティーチョーク、にんにく、のびる、ゆり根、ごぼう、小豆、きんかん
　　　　　不溶性食物繊維＝ひよこ豆、とうがらし、レンズ豆、しその実、グリンピース、ホースラディッシュ、えんどう豆、よもぎ

5. ビタミンB1 [水溶性ビタミン ※3]

- 推奨量：右表 [mg/日]
- 付加量：妊婦・授乳婦＋0.2mg

年齢	18-29	30-49	50-69
男性	1.4	1.4	1.3
女性	1.1	1.1	1.0

主な働き　炭水化物の代謝をサポート／脳と神経の働きを正常に保つ／疲労回復に役立つ
不足すると　脚気（かっけ）／ウェルニッケ脳症（意識障害・眼球麻痺・歩行障害）
主な野菜　ひらたけ、グリンピース、えんどう豆、銀杏、豆苗、枝豆

6. ビタミンB2 [水溶性ビタミン]

- 推奨量：右表 [mg/日]
- 付加量：妊婦＋0.3mg、授乳婦＋0.6mg

年齢	18-29	30-49	50-69
男性	1.6	1.6	1.5
女性	1.2	1.2	1.1

主な働き	三大栄養素の代謝をサポート／体の成長をサポート／皮膚・粘膜の健康維持
不足すると	成長障害／口角炎・口唇炎・舌炎／皮膚炎／眼精疲労
主な野菜	とうがらし、マッシュルーム、ひらたけ、からし菜、豆苗

7. ナイアシン [水溶性ビタミン]

- 推奨量：右表 [mgNE/日]
- 付加量：授乳婦＋3mgNE

年齢	18-29	30-49	50-69
男性	15	15	14
女性	11	12	11

主な働き	炭水化物や脂質の代謝をサポート／アルコールを分解
不足すると	ペラグラ（皮膚炎・下痢・嘔吐・うつ）
摂り過ぎると	皮膚炎／下痢・便秘／肝機能の低下／感覚神経の障害
主な野菜	まつたけ、ひらたけ、エリンギ、しめじ、えのきたけ

8. ビタミンB6 [水溶性ビタミン]

- 推奨量：右表 [mg/日]
- 付加量：妊婦＋0.2mg、授乳婦＋0.3mg

年齢	18-69
男性	1.4
女性	1.2

主な働き	たんぱく質の代謝をサポート／皮膚・粘膜の健康維持／神経伝達物資の合成をサポート
不足すると	手足のしびれ／不眠症／皮膚炎／貧血／口内炎・口角炎
主な野菜	にんにく、とうがらし、ししとうがらし、あさつき、アボカド

〈 各栄養素のはたらきと食事摂取基準 〉

9. パントテン酸 [水溶性ビタミン]

- 目安量:右表 [mg/日]
- 妊婦・授乳婦 5mg

年齢	18-29	30-49	50-69
男性	5	5	5
女性	4	4	5

主な働き　三大栄養素の代謝をサポート／善玉コレステロールの合成をサポート／ホルモンの合成に関わる／ストレスを軽減
不足すると　食欲不振／免疫力の低下／頭痛／倦怠感／ストレス
主な野菜　ひらたけ、まつたけ、アボカド、マッシュルーム、しめじ

10. ビオチン [水溶性ビタミン]

- 目安量:右表 [μg/日]

年齢	18-69
男性・女性	50

主な働き　三大栄養素の代謝をサポート／皮膚・毛髪の健康維持／皮膚炎を予防
不足すると　皮膚炎／脱毛・白髪の増加／筋肉痛／結膜炎／食欲不振
主な野菜　まいたけ、まつたけ、ひらたけ、マッシュルーム、えのきたけ

11. 葉酸 [水溶性ビタミン]

- 推奨量:右表 [μg/日]
- 付加量:妊婦+240μg、授乳婦+100μg

年齢	18-69
男性・女性	240

主な働き　赤血球をつくり貧血を予防／細胞の新生をサポート
不足すると　悪性貧血／胎児の神経管閉鎖障害
主な野菜　枝豆、パセリ、芽キャベツ、あさつき、菜花、高菜、アスパラガス、ルッコラ、クレソン、こごみ、水菜

12. ビタミンC [水溶性ビタミン]

- 推奨量：右表 [mg/日]
- 付加量：妊婦+10mg、授乳婦+45mg

年齢	18-69
男性・女性	100

主な働き	コラーゲンの合成をサポート／体内の酸化を防ぐ／鉄の吸収をサポート／ホルモンの生成をサポート
不足すると	壊血病（歯茎などからの出血）／免疫力の低下／肌荒れ
主な野菜	パセリ、とうがらし、芽キャベツ、レモン、ケール、ピーマン

13. ビタミンA [脂溶性ビタミン ※4]

- 推奨量：右表 レチノール活性当量 [μgRAE/日]
- 付加量：妊娠後期+80μgRAE、授乳婦+450μgRAE

年齢	18-29	30-49	50-69
男性	850	900	850
女性	650	700	700

主な働き	視覚・視力など眼の健康維持／皮膚・粘膜の健康維持
不足すると	夜盲症・角膜乾燥症／免疫力の低下／成長障害
摂り過ぎると	肝機能障害／頭痛／妊娠初期の摂り過ぎは胎児の奇形
主な野菜	しそ、にんじん、パセリ、とうがらし、モロヘイヤ、バジル

14. ビタミンD [脂溶性ビタミン]

- 目安量：右表 [μg/日]
- 妊婦7.0μg、授乳婦8.0μg

年齢	18-69
男性・女性	5.5

主な働き	カルシウムの吸収をサポート／丈夫な骨や歯をつくる
不足すると	くる病／骨粗しょう症・骨軟化症／虫歯
摂り過ぎると	高カルシウム血症（倦怠感・食欲不振・吐き気）／腎不全
主な野菜	きくらげ、まいたけ、エリンギ、しめじ、えのきたけ、しいたけ

〈 各栄養素のはたらきと食事摂取基準 〉

15. ビタミンE [脂溶性ビタミン]

- 目安量：右表 αトコフェロール [mg/日]
- 妊婦6.5mg、授乳婦7.0mg

年齢	18-69
男性	6.5
女性	6.0

主な働き	抗酸化作用で老化を防ぐ／血液循環・新陳代謝の促進
不足すると	貧血／がん／動脈硬化／不妊・流産／細胞の老化
摂り過ぎると	筋力低下／出血しやすくなる／下痢／吐き気
主な野菜	とうがらし、葉とうがらし、かぼちゃ、オリーブ（黒、塩漬）

16. ビタミンK [脂溶性ビタミン]

- 目安量：右表 [μg/日]

年齢	18-69
男性・女性	150

主な働き	血液の凝固作用／丈夫な骨や歯をつくる
不足すると	新生児出血症／骨粗しょう症／血が止まりにくくなる
摂り過ぎると	抗血液凝固薬を服用している場合は、摂取制限が必要
主な野菜	パセリ、しそ、春菊、モロヘイヤ、バジル、あしたば、よもぎ

17. ナトリウム [ミネラル ※5]

- 右表 [mg/日]
- （　）は食塩相当量 [g/日]

摂取基準	推定平均必要量	目標量
男性（18歳）	600 (1.5)	(8.0未満)
女性（18歳 ）	600 (1.5)	(7.0未満)

主な働き	体内の水分量を調節／神経の伝達をサポート／筋肉の収縮を正常に保つ
摂り過ぎると	高血圧／むくみ／胃がん／脳卒中／腎機能障害
主な野菜	梅（塩漬）、オリーブ（黒、塩漬）

18. カリウム [ミネラル]
- 目標量：右表 [mg/日]

年齢	18-69
男性	3,000以上
女性	2,600以上

主な働き　体内の水分量を調節／余分なナトリウムを排泄し、血圧を安定させる／筋肉の収縮・弛緩を正常に保つ
不足すると　むくみ／筋肉のけいれん／不整脈／高血圧
摂り過ぎると　腎臓に障害のある人は注意が必要
主な野菜　パセリ、とうがらし、アボカド、葉とうがらし、ゆり根

19. カルシウム [ミネラル]
- 推奨量：右表 [mg/日]

年齢	18-29	30-49	50-69
男性	800	650	700
女性	650	650	650

主な働き　骨や歯をつくる／筋肉の収縮を調整／神経を安定させる
不足すると　くる病／骨軟化症・骨粗しょう症／高血圧／動脈硬化
摂り過ぎると　尿路結石／高カルシウム血症（倦怠感・食欲不振・吐き気）
主な野菜　ごま、葉とうがらし、パセリ、バジル、しそ、ケール、水菜

20. マグネシウム [ミネラル]
- 推奨量：右表 [mg/日]
- 付加量：妊婦+40mg

年齢	18-29	30-49	50-69
男性	340	370	350
女性	270	290	290

主な働き　骨や歯をつくる／血圧の調整／筋肉の収縮をサポート
不足すると　不整脈／神経障害／動脈硬化／食欲不振／筋肉のけいれん
摂り過ぎると　腎臓に障害のある人は注意が必要
主な野菜　ごま、大豆、葉とうがらし、とんぶり、枝豆、しその実、しそ

〈 各栄養素のはたらきと食事摂取基準 〉

21. リン [ミネラル]

- 目安量:右表 [mg/日]

年齢	18-69
男性	1,000
女性	800

主な働き	骨や歯、細胞膜をつくる/エネルギー代謝に関わる
不足すると	骨軟化症/倦怠感/食欲不振/筋力の低下
摂り過ぎると	腎臓病/骨粗しょう症/副甲状腺機能の異常
主な野菜	そら豆、レンズ豆、とんぶり、枝豆、にんにく、くわい

◎( )月経あり

22. 鉄 [ミネラル]

- 推奨量:右表 [mg/日]・付加量=妊娠初期 +2.5mg、妊娠中・後期+15mg、授乳婦+2.5mg

年齢	18-29	30-69
男性	7.0	7.5
女性	6.0(10.5)	6.5(10.5)

主な働き	赤血球をつくり貧血を予防/全身に酸素を運び筋肉に取り込む
不足すると	貧血/頭痛/成長期・妊娠期・月経時は注意が必要
摂り過ぎると	肝臓障害/鉄沈着症(成人)/鉄中毒(小児)
主な野菜	パセリ、レンズ豆、よもぎ、梅(塩漬)、とんぶり、のびる

23. 亜鉛 [ミネラル]

- 推奨量:右表 [mg/日]
- 付加量:妊婦は+2mg、授乳婦は+3mg

年齢	18-69
男性	10
女性	8

主な働き	味覚を正常に保つ/細胞の生成に関わる/ホルモンの合成・分泌に関わる
不足すると	味覚障害/成長障害/皮膚炎/生殖機能の低下
主な野菜	レンズ豆、ホースラディッシュ、くわい、そら豆、ひよこ豆

24. 銅 [ミネラル]

- 推奨量：右表 [mg/日]
- 付加量：妊婦+0.1mg、授乳婦+0.5mg

年齢	18-29	30-49	50-69
男性	0.9	1.0	0.9
女性	0.8	0.8	0.8

主な働き　鉄の代謝をサポートして貧血を予防／体内の酸化を防ぐ
不足すると　貧血／骨粗しょう症／髪の毛・皮膚・眼の退色
摂り過ぎると　まれに金属中毒、肝機能障害、腎不全
主な野菜　くわい、しその実、レンズ豆、マッシュルーム、枝豆、そら豆

25. マンガン [ミネラル]

- 目安量：右表 [mg/日]

年齢	18-69
男性	4.0
女性	3.5

主な働き　骨の代謝に関わる／さまざまな酵素の構成成分になる／生殖機能を維持
不足すると　骨の成長障害／生殖機能障害
主な野菜　しょうが、しそ、バジル、しその実、せり、みょうが、豆苗

26. セレン [ミネラル]

- 推奨量：右表 [μg/日]
- 付加量：妊婦+5μg、授乳婦+20μg

年齢	18-69
男性	30
女性	25

主な働き　細胞の酸化を防ぐ／老化予防／血管の健康維持
摂り過ぎると　脱毛／爪の脱落／胃腸障害／神経障害／心筋梗塞／腎不全
主な野菜　（主に魚介類に含まれるが）まつたけ、マッシュルーム、わさび、ひよこ豆、えんどう豆

〈 各栄養素のはたらきと食事摂取基準 〉

27. クロム [ミネラル]
- 目安量：右表 [μg/日]

年齢	18-69
男女	10

主な働き　インスリンの分泌をサポートして糖質の代謝を促す
主な野菜　まつたけ、銀杏、高菜、水菜、きくらげ、野沢菜

28. モリブデン [ミネラル]
- 推奨量：右表 [μg/日]
- 付加量：授乳婦+3μg

年齢	18-29	30-49	50-69
男性	25	30	25
女性	20	25	25

主な働き　尿酸の生成に関わる／糖質・脂質の代謝をサポート／鉄の利用を促し貧血を予防
不足すると　頭痛／夜盲症／貧血／頻脈
主な野菜　小豆、大豆、えんどう豆、ひよこ豆、パセリ、ケール、いんげん豆

※1：三大栄養素＝身体をつくり、エネルギーを供給する栄養素。
※2：「炭水化物」＝「食物繊維」＋「糖質」のこと。「食物繊維」は消化吸収されないが、「糖質」は消化吸収される。
※3：水溶性ビタミン＝水に溶けやすいビタミン。摂り過ぎた分は尿として排出されるため、極端な大量摂取をしなければ、過剰摂取の心配はない。
※4：脂溶性ビタミン＝水に溶けにくく油脂に溶けやすいビタミン。摂り過ぎると体内に蓄積されるため、過剰症に注意が必要。
※5：ミネラル＝身体の構成成分となり、機能を調整する微量栄養素。

| 1 | 風邪 |

| 食べたい野菜 | • あさつき • かぶ • かぼちゃ | • しそ • しょうが • 大根 | • にら • にんじん • にんにく | • ねぎ • れんこん etc |

| 民間療法 | • 梅酢うがい • しょうが湯 | • にんにく、しょうがの黒焼き • きんかん茶 | etc |

| 2 | のどの腫れ・せき |

| 食べたい野菜 | • かぶ • かぼちゃ • きんかん | • しそ • しょうが • 大根 | • にんにく • にんじん • ふき | • へちま • れんこん etc |

| 民間療法 | • きんかんの砂糖漬け • 大根のはちみつ漬け | • れんこんくず湯 • しょうが湿布 | • しそ汁 etc |

| 3 | 頭痛 |

| 食べたい野菜 | • うど • エンダイブ | • しょうが • 大根 | • ねぎ • ミント etc |

| 民間療法 | • 梅干し湿布 • 大根おろし湿布 • 菊花茶 etc |

〈 からだを癒す野菜 〉

| 4 | 胃炎 |

食べたい野菜	• アロエ • キャベツ • ごぼう	• さといも • じゅんさい • しそ	• しょうが • 大根 • ねぎ	• れんこん etc

民間療法	• しその煎じ汁 • ねぎの生食	• じゃがいものしぼり汁	etc

| 5 | 便秘 |

食べたい野菜	• オクラ • きくらげ • グリンピース	• ごぼう • さつまいも • さといも	• ぜんまい • そら豆 • とうもろこし	• まいたけ • れんこん etc

民間療法	• ごぼうのすりおろし汁	• よもぎの煎じ汁	etc

| 6 | 下痢 |

食べたい野菜	• 春菊 • セロリ • にんじん	• にんにく • ねぎ • へちま	• モロヘイヤ • ゆり根 • よもぎ	• わさび etc

民間療法	• 梅肉エキス	• 大根干葉の腰湯	etc

7	疲労回復

食べたい野菜
- あしたば
- うど
- えのきたけ
- ゴーヤ
- しそ
- しょうが
- たまねぎ
- とうもろこし
- トマト
- にら
- にんにく
- ねぎ etc

民間療法
- もやしと大豆の煎じ汁
- にんにく卵黄 etc

8	二日酔い

食べたい野菜
- 梅干し
- きゅうり
- ゴーヤ
- しょうが
- セロリ
- 大根
- トマト
- レモン
- れんこん etc

民間療法
- しその煮汁
- 小豆の煎じ汁
- 大根（れんこん）おろし＋しょうが汁 etc

9	高血圧

食べたい野菜
- アスパラガス
- いんげん豆
- ごぼう
- しいたけ
- じゃがいも
- ズッキーニ
- セロリ
- たけのこ
- にんじん
- ふき etc

民間療法
- かぼちゃの種
- 大根おろし
- たまねぎの皮の煮汁
- よもぎ汁 etc

〈 からだを癒す野菜 〉

10	貧血

食べたい野菜	・枝豆 ・小松菜 ・パセリ ・水菜 ・かぼちゃ ・春菊 ・ふきのとう ・空芯菜 ・せり ・ほうれんそう etc

民間療法	・しょうが湯 ・あしたば茶 ・しょう油番茶 ・しそ酒 ・青汁 etc

11	むくみ

食べたい野菜	・あしたば ・さといも ・冬瓜 ・きゅうり ・春菊 ・とうもろこし ・ゴーヤ ・せり ・へちま etc

民間療法	・きゅうりの煮汁 ・とうもろこしのひげ茶 ・小豆の煮汁 etc

12	冷え性

食べたい野菜	・アボカド ・山椒 ・にら ・ゆず ・かぶ ・しょうが ・にんじん ・かぼちゃ ・とうがらし ・ねぎ etc

民間療法	・よもぎ茶 ・にんにく酒 ・大根干葉、よもぎ、ゆずを入れた湯で半身浴 etc

Vegetable broth

ベジブロス(野菜だし)

ベジブロスには、旨みと栄養がギュッと詰まっています。普段は捨ててしまう切れ端(皮やヘタ、根など)も、第七の栄養素とも呼ばれる「フィトケミカル」が豊富な部分です。フィトケミカルは、植物が紫外線や外敵から身を守るためにつくり出した色や香り、苦味などに含まれ、その働きは老化予防や免疫力の向上、がん予防などさまざま。野菜がちょっと苦手……という人でもベジブロスを料理に使えば、おいしく食べて栄養をたっぷり摂ることができます。

〈 ベジブロス 〉

Ingredient

たまねぎ（皮つき・4等分）	1個
にんじん（皮つき・ぶつ切り）	1本
セロリ（葉も含む）	1/2本
ねぎ（青い部分）	1本分
しいたけ（半分に切る）	2〜3枚
しょうが（皮つき・スライス）	15g
にんにく（皮をむき丸のまま）	2〜3片
水（野菜が浸るくらい）	1.5ℓ

Hou to make

〈1〉野菜を煮出す

1. 材料を鍋に入れて火にかける。
2. 沸騰したら弱火にして1時間ほど煮る（野菜の切れ端でつくる場合は30分）。湯が減ってきたら、途中で水を足す。
3. 火を止め、ざるでこす。

※ 味が落ちやすいため、冷蔵保存して3日ほどで使い切る。

〈2〉野菜を焼いてから煮出す

1. フライパンにオリーブオイルを入れて火にかけ、野菜に軽く焼き目がつくまで炒める。
2. 野菜を耐熱容器に移し、200℃に熱したオーブンで10分焼く。
3. 〈1〉の1〜3へ

※ 野菜を焼くと水分が飛んで、より旨みの濃いだしがとれる。

Point

* 使う野菜や量は、用途や好みで変える。おすすめの野菜は、干ししいたけ、キャベツ（の芯）、パセリの軸、マッシュルームなど。

* 味噌汁など和食に使うときは、苦味のある玉ねぎの皮や香味野菜（セロリ・にんにくなど）は控えめにすると味が馴染みやすい。

Hou to use

* 野菜ポタージュ
  ベジブロス＋野菜ペースト（煮出した野菜をミキサーにかけたものでも良い）＋牛乳＋塩・こしょう

* ドレッシング
  ベジブロス＋たまねぎのみじん切り＋塩＋白ワインビネガー＋オリーブオイル

* ピラフ
  ベジブロス＋米＋好みの具材（フライパンで炒めたもの）＋塩・こしょう

* インスタントラーメンやカップスープ、濃縮タイプのめんつゆに加える湯をベジブロスにかえると旨みと栄養価がUP！

料理協力：吉田友則（出張料理きまぐれや）

あ ≫

愛彩菜	291
青じそ	121
赤キャベツ	252
赤じそ	10
赤たまねぎ	12
赤ちりめんちしゃ	108
浅葱（あさぎ）	14
あさつき	14
小豆	16
あしたば	18
アスパラガス	20
アーティチョーク	22
アボカド	24
アルファルファ	26
アロエベラ	28
アンディーブ	164
イタリアンパセリ	30
いちょう芋	264
いとうり	229
糸ねぎ	14
いんげん豆	31
ウォータークレス	87
うど	32
梅	36
うるい	34
エゴマ	38
エシャレット	40
エシャロット	42

枝豆	37
えのきたけ	44
エリンギ	45
エンダイブ	46
えんどう豆	48
大葉	121
おかひじき	50
オクラ	52
オランダガラシ	87
オランダぜり	212
オリーブ	54
オレガノ	49

か ≫

かいわれ大根	58
賀茂なす（かも）	66
加賀太きゅうり（かがふと）	60
掻きちしゃ（かき）	115
かぶ	62
蕪甘藍（かぶかんらん）	100
かぼす	68
かぼちゃ	64
からし菜	69
カリフラワー	70
寒締め（かんじめ）ほうれんそう	71
ガルバンゾー	218
甘藍（かんらん）	74
きくいも	72
菊菜	132

きくらげ	82
絹さや	113
キャベツ	74
きゅうり	76
行者にんにく（ぎょうじゃ）	78
京菜	242
きんかん	80
金時豆	83
銀杏	84
空芯菜（くうしんさい）	86
栗豆	218
グリンピース	88
クレソン	87
くわい	90
ケール	92
香水薄荷（こうすいはっか）	282
香菜	204
こごみ	94
コスレタス	290
ごぼう	95
ごま	96
小松菜	98
ゴーヤ	99
コリアンダー	204
コールラビ	100

さ ≫

さつまいも	104
さといも	106
さとうざや	113

〈 インデックス 〉

サニーレタス ···· 108	スプラウト ···· 140	トマト ···· 174
サボイキャベツ ···· 110	西洋ねぎ ···· 275	トレビス ···· 175
さやいんげん ···· 112	西洋わさび ···· 230	とんぶり ···· 176
さやえんどう ···· 113	セージ ···· 142	
サラダ菜 ···· 114	せり ···· 141	**な ≫**
山椒(さんしょう) ···· 116	セルフィーユ ···· 166	長いも ···· 180
サンチュ ···· 115	セロリ ···· 144	なす ···· 182
三度豆 ···· 112	千本菜 ···· 242	菜の花 ···· 184
しいたけ ···· 118	ぜんまい ···· 145	菜花 ···· 184
ししとうがらし ···· 120	そら豆 ···· 146	ナーベーラー ···· 229
しそ ···· 121		なめたけ ···· 44
しその実 ···· 122	**た ≫**	にがうり ···· 99
自然薯(じねんじょ) ···· 124	タアサイ ···· 150	にら ···· 186
しめじ ···· 126	大根 ···· 152	にんじん ···· 188
じゃがいも ···· 127	大豆 ···· 154	にんにく ···· 190
シャンピニオン ···· 238	タイム ···· 160	にんにくの芽 ···· 192
春菊 ···· 132	高菜 ···· 156	ねぎ ···· 194
じゅんさい ···· 128	たけのこ ···· 158	野沢菜 ···· 196
しょうが ···· 130	たまねぎ ···· 161	のびる ···· 198
食用菊 ···· 133	たらの芽 ···· 162	
白あわびたけ ···· 45	チコリ ···· 164	**は ≫**
白うり ···· 134	ちぢみ	白菜 ···· 202
信州菜 ···· 196	ほうれんそう ···· 71	パクチー ···· 204
スイートバジル ···· 208	チャービル ···· 166	葉ごぼう ···· 206
スイートペッパー ···· 220	ちりめんキャベツ ···· 110	バジル ···· 208
すずしろ ···· 152	チンゲンサイ ···· 167	パセリ ···· 212
すずな ···· 62	とうがらし ···· 168	葉たまねぎ ···· 210
すだち ···· 136	冬瓜(とうがん) ···· 170	薄荷(はっか) ···· 248
ズッキーニ ···· 138	豆苗 ···· 171	二十日大根(はつかだいこん) ···· 272
スナップえんどう ···· 135	とうもろこし ···· 172	葉とうがらし ···· 213

花キャベツ ······ 70	ホワイト	よもぎ ············ 270
花野菜 ············ 70	アスパラガス ··· 233	
パプリカ ········ 214	ポワロー ········ 275	ら ≫
柊菜(ひいらぎな) ············ 242		ライム ············ 271
ビーツ ············ 216	ま ≫	らっきょう ······ 274
ビート ············ 216	まいたけ ········ 236	ラディッシュ ··· 272
ピマン ············ 220	マッシュルーム 238	リーキ ············ 275
ピーマン ········ 220	まつたけ ········ 240	ルッコラ ········ 278
ひよこ豆 ········ 218	実えんどう ······ 88	ルバーブ ········ 276
ひらたけ ········ 221	水菜 ··············· 242	レタス ············ 279
ひら豆 ············ 284	みつば ············ 243	レッドキャベツ 252
フェンネル ······ 222	ミニトマト ····· 244	レフォール ······ 230
ふき ··············· 224	みぶな ············ 256	レモン ············ 280
ふきのとう ····· 225	みょうが ········ 246	レモングラス ··· 281
ブラック	ミント ············ 248	レモンバーム ··· 282
ビューティー ··· 228	紫いも ············ 250	れんこん ········ 283
ブロッコリー ··· 226	紫キャベツ ····· 252	レンズ豆 ········ 284
ブロッコリー	芽キャベツ ····· 254	ロケット ········ 278
スプラウト ····· 227	メリッサ ········ 282	ローズマリー ··· 285
フローレンス	もち草 ············ 270	ロマネスコ ······ 286
フェンネル ······ 222	もやし ············ 257	ロメインレタス 290
米なす ············ 228	モロヘイヤ ····· 258	ローレル ········ 288
ベイリーフ ····· 288		
へちま ············ 229	や ≫	わ ≫
ベルギー	ヤーコン ········ 262	若ごぼう ········ 206
エシャロット ··· 42	大和芋 ············ 264	わけぎ ············ 292
ほうれんそう ··· 232	ゆきのした ······ 44	わさび ············ 294
ホース	ゆず ··············· 266	わさび大根 ····· 230
ラディッシュ ··· 230	ゆり根 ············ 268	わさび菜 ········ 291
ポロねぎ ········ 275	ヨウサイ ·········· 86	わらび ············ 296

〈 インデックス 〉

主な参考文献 ≫

『旬の野菜の栄養事典 最新版』エクスナレッジ
『野菜の効用事典』明治書院
『からだにやさしい旬の食材 野菜の本』講談社
『野菜まるごと事典』成美堂出版
『からだにおいしい野菜の便利帳』高橋書店
『新・野菜の便利帳 健康編』高橋書店
『もっとおいしく、料理の腕が上がる！ 下ごしらえと調理テク』朝日新聞出版
『もっとおいしく、ながーく安心 食品の保存テク』朝日新聞出版
『野菜まるごと大図鑑 知る！食べる！育てる！』主婦の友社
『料理のコツ 解剖図鑑』サンクチュアリ出版
『ハーブとスパイスの図鑑』マイナビ
『ココロとカラダに効く ハーブ便利帳』NHK出版
『すべてがわかる！「豆類」事典』世界文化社
『決定版 栄養学の基本がまるごとわかる事典』西東社
『もっとキレイに、ずーっと健康 栄養素図鑑と食べ方テク』朝日新聞出版
『栄養素の通になる 第4版』女子栄養大学出版部
『世界一やさしい！ 栄養素図鑑』新星出版社
『改訂10版・野菜と果物の品目ガイド』農経新聞社
『食品解説つき 新ビジュアル食品成分表 新訂第二版』大修館書店
『百科 クスリになる食べ物 自宅キッチンでできる食養生』主婦と生活社
『おばあちゃんの手当て食 自然の力で癒す食の処方箋』家の光協会
『食べるくすりの事典』東京堂出版
『花ことば 花の象徴とフォークロア』（上）・（下）平凡社
『カラー 野菜の花』山と渓谷社
『美しき花ことば』三笠書房

ホームページ ≫

文部科学省 「日本食品標準成分表2015年版（七訂）」
　　　　　　「食品成分データベース」
厚生労働省 「日本人の食事摂取基準」（2015年版）

菜の辞典

2019年11月11日 初版第1刷発行
2024年9月9日 第4刷発行

テキスト	長井史枝
イラスト	川副美紀
デザイン	林 真 (vond°)
企画・編集	谷口香織
印刷・製本	シナノ印刷株式会社

発行者　安本美佐緒
発行所　雷鳥社

〒167-0043
東京都杉並区上荻2-4-12
TEL.03-5303-9766
FAX.03-5303-9567
http://www.raichosha.co.jp
info@raichosha.co.jp

◎定価はカバーに表示してあります。
◎本書のイラストおよび記事の無断転写・複写をお断りいたします。
◎万一、乱丁・落丁がありました場合はお取り替えいたします。

長井史枝 ≫

ライター。野菜ソムリエ。リトルプレス『BonAppétit』発行人。人物インタビューや店舗取材のほか、料理・スイーツのレシピ本制作にも多く関わる。著書に『田舎・郊外でお店、はじめました。』(雷鳥社)、関連書籍に『オープンサンドレシピブック』(誠文堂新光社)など。

川副美紀 ≫

イラストレーター。女子美術大学産業デザイン科卒。植物・ガーデニング・料理・スイーツ・インテリアなど、生活の身近な情景を描く。著書に『ケーキ物語』『クッキー物語』(講談社)、『あかちゃんスイートメモリー』(梧桐書院)など。
http://kawazoemik.exblog.jp/

©Fumie Nagai / Miki Kawazoe / Raichosha 2019 Printed in Japan
ISBN978-4-8441-3761-0 C0077